文春文庫

韓流幻想

「夫は神様」の国・韓国

呉《お》 善《そん》花《ふあ》

文藝春秋

韓流幻想

目次

序章 「冬ソナ現象・韓流ブーム」の現場を訪ね歩いて

第一章 もしヨン様と結婚したら——韓国結婚生活の実態

第二章　韓国の恋愛、日本の恋愛——さまざまな愛のかたち

第三章　美人病と美男病——なぜ大統領までが整形するのか

終章　ジャパナイゼーションあっての韓流ブーム

韓流幻想——「夫は神様」の国・韓国

序章　「冬ソナ現象・韓流ブーム」の現場を訪ね歩いて

神々の国・出雲でヨン様の声が

韓国のテレビドラマ『冬のソナタ』(以下、冬ソナ)は、たまたまテレビをつけたらやっていたので、NHKのBS2放映時(二〇〇三年四月〜九月)に断続的に何回か見たけれども、とくに興味ももてずに続けて見ることをやめてしまった。

その年の暮れにBS2で再放映され、NHK地上波で再々放映されたのが二〇〇四年四月。その頃から、各種の会合など行く先々で、女性たちから冬ソナ・ヨン様の話題が飛び出すようになった。やがて私の周囲にも「冬ソナにはまっている」人たちが続々と出現するようになり、まともに見ていない私には、まるで通じない話題の世界があっという間に広がっていった。

いったいどういうわけなのだろうかと不思議に思いながら適当に応じていたのだが、いよいよ見ないままでは話にならないほどの事態となってしまった。

こうなればしかたがないと、冬ソナのビデオを全巻借りてきて、三日間かけて通して見た。私好みの作品ではなかったし、作品としてすぐれたものとも思えなかったが、人気の理由にいくつか「なるほど」と感じさせられたこともあり、ともかくもこれで晴れて話題の種を共有することとなった。

無国籍的な都市風俗ドラマといった感じだから、モダンな都市生活者を中心とする人気とばかり思っていたのだが、それはとんでもない浅薄なる誤解であった。

二〇〇五年の秋、島根県・神社庁主催の集まりで講演させていただいたときのことである。出雲《いずも》空港からタクシーに乗り、斐伊川《ひいかわ》上流の山間の小道を延々と走った。霞たなびく山々いっぱいに、秋の紅葉が柔らかな色づきを見せている。台風の通り過ぎた翌日の青空には、綿のような雲々がくっきりと爽やかに浮かんでいる。

運転手さんが出雲の神々についての興味深いエピソードを次から次に話して下さって、気分はしだいに八雲立つ出雲の奥深さに包まれていく。

二時間半ほど走った頃、谷口に小さく開けた地に、あちらに一軒、こちらに一軒と、人家がわずかな点在を見せる寂しげな集落に入った。しばし雑木林の間の民家をぐり抜けるように走っていくと、忽然《こつぜん》と大きな近代建築物が立ち現れ、その前で車が止まった。ここが会場の公民館で一〇〇〇人収容の会議場があるという。

少々場違いな驚きを感じさせられた。

待合い室に入り、お茶とお菓子をいただきながら、会場の世話係りとして出向いているという数名の中高年女性たちとしばらく話をした。いずれもこの地にお住まいの方々だという。一帯はすべて自然林、熊が出るので注意を呼びかけるアナウンスがしばしばある、いくらでも山菜が採れるのでおかずには困らないんですよ、といった話が続く。

窓越しに雲海に浮かぶ山々を眺めていると、六〇代半ばくらいの女性から「韓国の方ですね」と声をかけられた。「韓流ブームがすごいですね」と明るい笑顔を向けてくる。私が一瞬「えっ？」とことばに詰まっていると、「冬ソナを見ましたよ」と続く。

「素敵なドラマですね」などの声があちこちから出て、場の空気は一気に親密度を増していった。私がおそるおそる「みなさんのなかで、ヨン様にはまっている方はいらっしゃいますか？」と聞いてみると、一人が「すっかりはまっています」というや、「私も」「私も」との声である。

「ヨン様にはみんなはまっていましてね、ビデオをダビングして回し見をしてるんです。でも追っかけまではしませんけどね」と、講演がはじまるまでの三〇分ほどの間、ずっとそんな話で盛り上がった。

神々の郷《さと》・出雲の神主さんたちの集まりからのお誘いだった。そういう方々に向かって話をするのだという緊張感をもってこの地に乗り込んだ私の頭のなかは、「古き神話に彩られた日本」でいっぱいだった。しかも、山奥の穏やかに落ち着いた小さな農村である。まさか「ヨン様にはまっている」女性たちに出会うとは思いもしなかった。

全国放送の影響力がいかに偉大なものとはいえ、映像や音楽などを楽しむ感覚にもはや都会も田舎もないとはいえ、いきなり虚をつかれたような大きなショックを感じさせられた。ヨン様ブームには私に見えていない何かがあると、根本から認識を新たにさせられた体験であった。

この頃から、各地の女性団体からの講演依頼がにわかに多くなっていった。

ヨン様ブームの全国的な広がり

福岡県久留米市の四〇代後半～六〇代の女性、五〇名ほどの集まり。大半が冬ソナにはまっているという。

なぜかと聞くと、五〇代までの人たちは、自分たちが読んでいた少女漫画にそっくりだから。その懐かしさから、ドラマは夢みたいなおとぎ話と承知の上ではまっていく、それが楽しいのだという。冬ソナによって少女漫画に耽溺《たんでき》していたころの気分が蘇ってくる。現実離れした憧れの世界、あの心のユートピアみたいな世界がうまく描かれている。それにみんなではまって楽しんでいるとのことだった。

高知県高知市の五〇代以上の女性団体の集まり。大きな会場には冬ソナのテーマ・ミュージックが流れていた。集会の後の懇親会では、何回も見ている、なぜかわからないが懐かしい、心が澄んだ気になる、といった発言が続出した。あんな恋愛をしたいと思いますかと聞くと、「したい、したい」とはしゃいだ声が場を圧倒する。

「韓国の男たちはよく、『君に出会ったことが僕の人生の最高の宝物だ』なんてことばを口に出すんですが、いわれてみたいですか？」と私。いわれてみたい、もっとも実際にそういわれれば嘘くさく感じるでしょうねと六〇代の女性。でも、あんな恋ならしてみたい——。

富山県高岡市の女性団体の集まり。やはりヨン様の話になり、目を輝かせてのおしゃべりがひとしきり続いた。

札幌市の「日本の心を歌う」同好の士の集いだという女性の会。中高年女性が中心の会で、やはりヨン様の話で大変に盛り上がった。衛星波で、地上波で、ビデオでと、三回以上見ている人が少なくない。

熊本県熊本市で、ある講演会に出た折りに主催者側の年輩の女性たちに聞いてみると、珍しいことに、みなさん冬ソナには全然はまっていないという。たまたまなのか、それとも女丈夫と名高い「火の国の女」たちの好みではないのか、よくはわからない。それでも、食事に行った先の熊本市内の料亭の五〇代と見えるおかみさんは、ペ・ヨンジュンにすっかり惚《ほ》れこんでしまっていた。でも他のドラマに出ているペ・ヨンジュンは全然だめ、初恋と雪があってのペ・ヨンジュンですねという。

岐阜県高山市の料亭では、おかみさんのほうから冬ソナの話題を出してきた。それまでまったく韓国には興味がなかったが、冬ソナ以来韓流ドラマを見るようになり、韓国にも行ってきた。自分は短歌をよく詠むが、冬ソナの初恋のあり方には、平安時代の恋のあり方を想わせるものがある。なぜか、古きよき日本を懐かしく想う気持ちに通じるという。

京都の料亭でも、すぐに冬ソナが話題になった。古典的な日本女性を想わせるおかみさんがはまっていて、近日中に韓国のロケ地へ行く予定だという。

東京銀座のクラブの五〇歳前後のママ。保守思想の持ち主と自称するインテリ女性で、韓国の政治が大嫌い、新聞は産経新聞しか読まない。日本にやって来たペ・ヨンジュンなる韓国の男優に、日本の中高年女性たちが熱をあげて騒いでいる、みっともない話だ、いったいどういうわけかと冬ソナのビデオを借りてきて見てみたら、すっかり自分もはまってしまった。政治は政治、芸能は芸能、楽しいものは楽しい……。

二〇代のホステスでは、大部分が冬ソナなんておもしろくないという。それでも、最後のシーンではボロボロと涙を流してしまった、韓国の男はやさしいんですね、結婚してもいいなあと一人がいう。

韓国人の目から見た韓流ブーム

一般の韓国人は、日本の韓流ブーム現象をどのように見ているのだろうか。二〇〇五年三月中旬、仕事で韓国・ソウルを訪れたついでに、行く先々で出会った韓国人に韓流ブームについて聞いてみた。

三二歳の男性高校教師は、「若い子たちならばわかりますよ、でも中高年の女性たちがペ・ヨンジュンを『性的な男』として魅力を感じ追っかけているでしょう？あれは気持ち悪いですよ。ドラマを見て熱を上げるのはいいんです。でも、空港まででは足りずに、飛行機に乗って韓国にまで追いかけて来るというのはねえ。そういう日本のおばさんたちは、純真なのかバカなのか……」としきりに首を傾げていた。

日本との取引が中心の貿易会社に勤める二九歳の男性に、「もし、あなたがヨン様のように追っかけられたらどうか」と聞いてみる。彼は「いいですよ、お金が入るんだから。せいぜい愛想をふりまきますよ。内心では気持ち悪く感じていることを表に出さないように気をつけてね」という。

彼はホストに徹してお金を稼ぐというのだが、ホストクラブで韓国人ホストたちにお金を貢ぐ日本の中高年マダムは、数年前から登場するようになっている。

二年ほど前に大阪の韓国人ホストクラブでは、三三歳の韓国人ホストになんと七二歳の日本人女性が熱を上げ、若返りの整形手術までし、大金をつぎ込んだあげくに男を追って韓国まで行き、相手にされずに泣く泣く帰ってきたという話が大きな話題になっていた。

同年代の女友だち二人と会ったときには、相手のほうからヨン様ブームを話題にしてきた。「日本人のおばさんたちって、ちょっと頭がおかしくなっていない？」と一人がいう。するともう一人が、「そうそう、私の周りの人たちもみんなそういっている。私は日本人女性は品位を大事にする人たちだと思っていたけど、今回の騒ぎを見て、あの人たちの精神がどれだけ貧相なのかがよくわかった」という。

一人は「あれが本性だから、昔韓国人にひどいことをしたんだし、今も竹島問題や歴史問題で韓国人をバカにするようなことをしているんでしょう」と、もう一人は「気持ちとして三割くらいは韓流ブームは外貨獲得にいいと歓迎するけれど、あとの七割は日本女性への憧れが幻滅に変わったようでがっかりというところね」という。

韓流ブームに悪乗りする韓国人も続々と登場している。

免税店などでは、ヨン様そのままのファッションに身を包み、「あなたのような素敵な女性にはじめて会いました」などと声をかけ、日本人女性観光客のハンティングに精を出す男たちが跡を絶たない。それでいくつか問題が起きたため、ガイドたちは日本人観光客に警戒を呼びかけてもいる。

繁華街では、ヨン様が着ていたシャツなどと称するインチキ・ヨン様グッズを、日本人観光客に売り込む業者が増えている。「だまされたと思って」のことに違いないが、彼らがいうには買っていく客が少なくないそうだ。

反日騒動をものともしないヨン様ツアー

ソウルを訪れたときは韓流ブームたけなわとあって、街には日本人観光客の姿がやたらに目立った。仁寺洞《インサドン》という骨董品《こっとうひん》街は日本人に人気の高いところだ。行ってみると、日本の若者や中年女性たちの姿がたくさん見受けられる。この街で三月一日の三・一節（独立運動記念日）に、民族衣装に身を包んだ反日デモが激しく行なわれた。

当日、韓国企業に勤める知り合いの三〇代の日本女性は、この街をたまたま歩いていて、デモ隊の脇をすり抜けるようにして買い物に動きまわる、多数の日本人中高年女性観光客の一団と遭遇したという。

「あれほど激しい反日デモが行なわれているのに、彼女たちは集団でわいわいと日本語を口にしながら、あの店この店と走り回っていました。街頭では大声で日本非難が叫ばれているのに、まるで関心がないようなんですね。その無神経さにすっかり幻滅しました。彼女たちの社会性のなさ、国際性のなさを目のあたりにして本当に腹がたちました」

彼女は、日本の韓流ブームのあり方はとても不愉快だという。

「主におばさんたちのブームでしょう、あれは。私のまわりの三〇代以下の女性たちには、私を含めてああいう騒ぎ方はとても不愉快だという人が多いですよ。私の友だちも韓国へは行きたいけれど、今行くとあの韓流ブームの一種だと思われるから嫌だと来ないんです」

いい迷惑だといわんばかりの口振りであった。

同じことを韓国人自身からもたびたび聞かされた。骨董品屋の店先で若い店員に当日の様子を聞いてみると、「あの人たちはいったい何なんですか。我々が何をいっても日本人は聞こうともしない。そういうことが、あの人たちを見てよくわかりましたよ」といっていた。

韓国人の反日感情の裏には、実のところ、日本人に対する劣等意識が強くある。それで、逆に対日民族優越意識をことさらにもちたがる。本音では、日本は文化も経済も韓国よりずっと進んでいる国だと思っているから、なぜ韓国のドラマが日本で受けているのか、半信半疑でよくわかっていない。わからないながらも、日本で韓流ブームが起きたことに、多くの韓国人が優越感を覚えずにはいられない。知り合いの大学生数人と食事をしたときに、その感覚が率直に示された。

「日本のような先進国で、日本より後れている韓国がブームになっていることは、韓国人としてはとても誇り高いことです。韓国にいかに優れたものがあるかを、日本人が代弁するようになったことに満足感があります」

「あんなふうにおばさんたちが騒いでいるのは、日本人がみんな心のさみしさの病気にかかっているからでしょう。日本は経済的に豊かなだけで、精神的にはいかに貧困なのかを物語っています。だから、歴史問題についてしきりに妄言を吐くんです。今回のヨン様騒ぎが、彼らの発言がまともに相手にしてはいけない妄言だということを、はっきりと証明してくれましたね。韓国は日本ほど経済的には豊かではないですが、精神性や文化面ではやはり日本よりずっと優れているんです」

「韓国が日本よりも経済発展が遅れているのは、北と分かれているからであって、統一すれば必ず経済的に日本を追い抜くことができますね」

「すごいよ、韓国ドラマの力がこんなにもあるんだなんて、嬉しいですよ」

「韓国の男が日本で人気があるというから、僕も日本へ行きたいと思っています。学校でも、日本では韓国男がもてるから日本に行こうぜってよく言われています」

彼らの話は次から次へとはずんでいったが、私はうんざりするばかりで接点のもちようがなかった。

ヨン様ファンへの誤解ととまどい

ヨン様ブームは、もっぱらミーハー追っかけおばさんたちのはしたない騒ぎだと見るむきが韓国人には多いし、日本でもそのような目で批判的に見る人たちは少なくない。とくに男性には、日本でも韓国でも年齢を問わず、ヨン様の評判はあまりかんばしくないようである。だいたいまともに見ていない人が多いことでも共通している。

冬ソナを見た日本人男性から聞いた感想では、次のような声が多かった。五〇代半ばの男性で、冬ソナにはまっているという奥さんにビデオを借りて見たのだが、「あんなに幼稚っぽくて嘘くさく、あり得ない設定を連発するドラマのどこがいいのかわからない、こんなのが受けるなんて日本の女はどうかしている」というもの。

私も最初の頃はそんなふうに感じていたが、各地でファンに接していけばいくほど、認識を改めさせられることが多かった。

　私の知り合いの静岡県在住の六〇代の女性は、「私は冬ソナにとくに関心はないんですが、ヨン様もいい役割をはたしてくれているんですよ」と、自分の八五歳の母親の話をしてくれた。

　久しぶりに実家に帰ると母親が、「世間がやたらに冬ソナだとかヨン様だとか騒いでいるけれど、いったいなんなのあれは、耳障《みみざわ》りでしょうがない」というので、「自分で見て確かめてみたら？」というと「そうしてみようか」という。そこで彼女は母親にビデオを借りてきてあげた。

　するとそのご老人は、見始めたら面白くなってやめられず、「これははまる」と次から次へと「借りてきて」となり、結局は最後まで飽きずに見たそうである。彼女は母親から「お陰で寝る前に見ると、幸せな気持ちになってぐっすりと眠れるようになった」と感謝されたとのこと。

「普段は楽しいことはあまりない母が幸せな気持ちになれるなんて、ヨン様にはいい貢献をしてもらっていますよ」と彼女はいう。最大の誉《ほ》めことばである。それでこそエンタメの面目躍如というものだ。

　このご老人は大正十年前後の生まれになるだろうが、どのような人物か詳しくは存じ上げない。娘さんの話ぶりから想像するに、しっかりした教養を身につけておられる方と感じられた。

宮崎県高千穂町在住の六〇代半ばの仲のよい夫婦。共に日本の伝統文化に見識が高い方である。その奥さんのほうが冬ソナにはまっているばかりか、ヨン様そのものにはまっているという。それでご主人もビデオを少し見てみたが、どこがいいのかさっぱりわからない。

そこで奥さんに「いったいどこがいいのか」と聞いたところ、やさしい顔に頑丈な身体、そのアンバランスなところに不思議な魅力があるのだとのこと。自分の妻にそういう面があったのかと、はじめて気がついたそうである。

先にも少し触れたが、冬ソナファンのなかには教養ある女性高齢者がかなりいる。その典型は、中流以上の家庭に育ったその当時のモダンなお嬢様。

話を聞くとその多くが、少女時代に茶道や華道や礼儀作法を身につけるとともに、島崎藤村の叙情詩や、宝塚や、竹久夢二の絵などの浪漫的な世界に、多少なりとも心を動かした体験の持ち主である。彼女たちのなかには、近代的な教養と古典的な素養を豊かにもっている方がとても多いと感じられる。

こうしたファンがいることを知って、ヨン様ブームをどう考えればいいのか、大いにとまどってしまった。というのは、冬ソナ・ヨン様ブームを毛嫌いする人たちのなかにも、まあ男性はさておいて、高い教養をもつ女性が多いのである。そこが不思議といえば不思議である。夢想派と現実派の違いなのだろうか。

とまどいは深まるばかりなのだが、いずれにしても、「騒がしきヨン様ブーム」からは見えないところで、「ぐっすりと眠れる」ということばに象徴される静かな女性高齢者ファンが、少なからずヨン様ブームを支えているのはたしかなことと思われる。ここが、私には興味深いところである。

このタイプのファンに共通していえることは、一様に「懐かしさ」を感じていることである。冬ソナのなかに「失われた日本」を感じたという人も数多い。現代消費社会と高度情報化社会の進展のなかで、急速に「古きよき日本」の姿が失われてしまったと、満たされない気持ちを抱いている日本人は少なくない。韓流が、そうした「日本探し」の時流に大きな勢いを得ているのは間違いないようである。

キーセン観光と冬ソナブーム

いまから二〇年ほど前、日本の男たちの間で韓国への「キーセン観光」が大流行した時代があった。一九八〇年代から、日韓ビジネスがいよいよ本格化しはじめ、日本からたくさんのビジネスマンが韓国に出ていくようになっていたときのことである。同じ時期、日本国内では、東京の新宿や赤坂などの繁華街に「韓国クラブ」が軒を並べるばかりに林立し、どこも大変に繁盛していた。七〇年代半ばから（八〇年代半ばまで）、四カ月有効の芸能ビザが韓国人に発給されるようになっていたときのことである。

私は八〇年代後半、日韓ビジネスの通訳をするかたわら、昼には韓国人（主としてホステスたち）に日本語を教え、夜には日本人（主としてビジネスマンたち）に韓国語を教える教室を開いていた。その頃の体験を、主として新宿歌舞伎町の韓国人ホステスたちの生活実態に触れながら、日本人と韓国人の恋愛、ビジネス、文化などについて書いたのが、私の処女作『スカートの風』（三交社・一九九〇年／後に角川文庫）である。

秘かに自信作と自負してはいたが、予想を遥かに超えた好評を得たことから、日本で物を書くことを仕事とする今の自分があるのだといえる。そうした経緯があって、私は当時の韓国人女性にご執心の日本人男性の心理をつぶさに知ることができた。

その当時の「キーセン観光」や「韓国クラブ」の人気の秘密は、第一に、日本の男たちが韓国の女のなかに「日本ではすでに消え去った古い女の姿」を求めていたことにある。そして第二には、それに加えて韓国人特有の「率直さ」や「情の深さ」が大きな魅力となっていたからである。

冬ソナの放映を契機として起きた韓流ブームは、かつての男性版に対する女性版ではないか、というのが当初から私が感じてきたことである。

社会的にいえば、「女らしさ」「男らしさ」という「らしさ」のイメージ消費であることで同一のものだ。ただ異なるところは、かつてが盛り場中心という限定的な市場での消費であったのに対して、現在の韓流が大衆文化市場の国際化と密接にかかわる、より高度化された映像や音楽などの感覚消費としてある点である。

冬ソナで描かれた、純粋に一途に愛情を傾け続ける男の情熱的なアプローチは、一歩間違うとストーカーと区別のつかなくなる危険性をはらんでいる。

事実、韓国ではそうした事態がしばしば起きるのだが、そうならないための必須の条件は、男の信義の厚さである。つまり、情動に流されることなく、どこまでも道義的であろうとする、真面目でひたむきな姿勢である。

その点、ペ・ヨンジュン演ずる主人公は、まさしく信義に厚い男の見本のように描かれていて、そこのところが「日本ではすでに消え去った古い男の姿」を感じさせ、「率直さ」や「情の深さ」の印象とあいまって、ヨン様の魅力となっているのではないだろうか。

さらに私には、冬ソナはかなりな部分で日本的な要素の浸透を受けていると感じられた。冬ソナブームの魅力の本体は「韓国そのもの」よりも、異文化ミクスチャーの部分なのではあるまいかというのが、冬ソナを通して見て感じたことであった。

その点では、かつての「男性版韓流ブーム」とは大きく異なる面があるといってよいだろう。

しばしば指摘されているように、冬ソナの筋立てや物語の運びが、日本のファンタスティックな少女漫画の影響を大きく受けていることは間違いがない。

恋人たちのさまざまな出会いのシーンの構図にも、日本のテレビドラマや映画や少女漫画の影響が強く感じられる。テーマ・ミュージックは、日本の「あなたを愛する想い」（三浦和人作曲）とそっくりだともいわれる。それらの点で、ヨン様の憂いをおびた表情のアップの多用を含めて、日本人好みのムードが自ずとかもし出されている。もともと、「日本探し」が十分に可能なように作品ができているのだ。

永遠なる純愛を描くストーリー

冬ソナのストーリーは、快活な女子高生のユジンが、転校生チュンサンと恋に落ちるところからはじまる。ユジンの幼なじみのサンヒョクはユジンを密かに愛している。三人と同級生のチェリンはチュンサンに首ったけで、ユジンに対抗意識を燃やしている。ある日、ユジン、サンヒョク、チェリンの三人は、チュンサンが交通事故で亡くなったと知らされ、ユジンの初恋に悲劇的な終止符が打たれる。

それから十年経って、サンヒョクと婚約したユジンの前に、チェリンの恋人でチユンサンそっくりのミニョンが現れる。ミニョンが実は事故で死なずに記憶を失ったチュンサンであることを、本人も三人も知らない。

チュンサンは設計会社の新任理事、ユジンはその取引先の建築事務所の社員。仕事で接触を深めていくなかで、ユジンの心が揺れ動き、チュンサンもしだいにユジンに惹《ひ》かれていく。チェリンとサンヒョクはいずれも恋人を取られまいとの動きを強くしていく。まったく同じ人物による少年少女的な三角関係が、学校から社会へと舞台を移してそのまま繰り返されていく。

やがて二人が好き合うようになっていくと、彼らの親たちが、かつて彼らと同じような三角関係の間柄にあったという過去の事実が、少しずつ顔を見せてくるようになる。その過去に、ユジン、チュンサン、サンヒョクの出生がかかわっていることがしだいに明らかになっていく。それに対応して、恋人たちそれぞれの思いもさまざまな経路をたどることになる。

韓国の連続テレビドラマでは、橋田壽賀子さんがドラマの「禁じ手」といわれる「あり得ない偶然」がたびたび登場し、いったいどうなるのだろうと気をもませておいて、「それは次回のお楽しみ」と興味をつなげていくやり方が一般的にとられている。そのように、「次を見たくなる」ようにすることに過剰な重きが置かれているため、あたかも本筋にかかわってくるかのような描き方で、本筋からいえばなくてもいいような「横道の話」をひんぱんに挿しはさみながら、ドラマの動きをつくっていくことになる。冬ソナもこれをしっかり踏襲し、延々たる長いドラマを作り出している。

そういうわけで紆余曲折を経ながら、二人は初恋の記憶をより確かなものとしていくなかで結びつきをより強くし、チュンサンがユジンに結婚を申し込むにいたる。が、それからまもなく、チュンサンはユジンを残して一人アメリカへ旅立ってしまう。

チュンサンは医者から、交通事故の後遺症で失明の怖れがあるうえに長い命ではないと宣告され、自分には彼女を幸せにする資格がないと考えたのである。チュンサンはサンヒョクにユジンを幸せにしてやってくれとのことばを残して去ったが、サンヒョクはユジンに彼の後を追ってアメリカへ行くことを勧める。しかしユジンは彼の後を追おうとはせず、サンヒョクとよりを戻すこともなく、心の痛手を抱えて一人ヨーロッパ留学に旅立つ。

数年後、ユジンは一時帰国した折りに、かつて「これが私の住みたい家」といってチュンサンに手渡した自作の「理想の家」の模型そのままの家の写真が、雑誌に掲載されているのを偶然目にして驚く。ユジンがその美しい家を訪れると、そこにすでに失明しているチュンサンがやって来る。チュンサンは自分の手で「理想の家」を別荘として造り、時に訪れては一人過去の想い出に浸っていたのだった。ドラマは「理想の家」のテラスに立つ二人の、幻想的な再会シーンで終わる。

現世では結婚として成就されなくとも、二人の愛がそれぞれの心のなかで生き続けている限り、二人はかならずや来世で結ばれる——そんな「初恋（純愛）は永遠である」とのメッセージとして受け取れる。

初恋の再現というテーマ

冬ソナの主題は、端的にいって「初恋（純愛）の再現」である。日本人女性が感じる「懐かしさ」はもう一つ、自らが少女時代に体験しあるいは心に描いた、あの「純愛感覚」が舞い戻ってきたかのように感じられる「懐かしさ」でもあるはずなのである。

初恋は二人が一八歳の高校生のときで、再現は二八歳の社会人のとき、という設定である。そうであれば、これは夢のなかでしかあり得ないこと。なのに、それが現実のものとなっていく。

精神の幼児的な退行なくして、そんなことがどうしたら現実に可能なのか？　そもそもは、そんな「まっとうな疑問」を抱く現実派には、およそ向かないドラマが冬ソナである。

初恋（純愛）は、少年少女期のイノセンス（無垢・無邪気）な心の世界の出来事としてあったものだ。そして、人はイノセンス期を脱して大人となっていく。大人になってから初恋の人に恋をすることがあるのは、大人としての新たな対象の「えらび直し」が行なわれるからであり、けっしてあの時代の心の体験がそのまま持続するのではない。

しかしながら冬ソナでは、初恋と区別のつかない純愛が、大人の世代で再び繰返される。社会の第一線で働く大人が、少年少女時代そのままに、わずかに頬に唇を寄せるだけで心が震えるような純愛を……。いったいどういうわけなのだろうか。

そこには、韓国人特有の恋愛観や美意識や社会の通念が深くかかわっているのだが、それらについては後に詳しく述べることにしたい。いずれにしても、ドラマの登場人物たちは、二八歳の社会人でありながら、イノセンスまる出しの子どもっぽさと、大人的なモラリストぶりを奇妙に同居させながら、純愛の枠組みをけっして踏み外そうとしないのである。

モラルとイノセンスの奇妙な同居が顕著に見られるからだろう、日本の冬ソナファンは、ペ・ヨンジュン演ずるところのチュンサンを「男らしい」という一方で、抱きしめてあげたいとも、守ってあげたいともいう。

一つには、男の信義がエロス的な欲望を超えて、最初から最後まで誠実に貫かれていく律儀な精神のあり方に、その「男らしさ」に、強く感動を覚えたという人が少なくない。儒教的な価値観が背景にあるのだが、そこに、誇り高く禁欲的な男の頼もしさ、武士道的な男の潔さを感じたという人もいる。

しかしその一方で、最後の最後まで女への深い思いやりを一途に向ける男の純情が、そのあまりにもイノセンスな男の心の内が、ただただ悲しく哀れに感じられていて、そこから感動がわき起こっている人たちも多いようである。ここはとても日本的な感じ方だと思う。

そうした二面がありながら、ドラマは「生身の人間」ではない「理想のなかの異性」へ向けられた、イノセンスな愛がたどるしかない運命の物語として成り立っている。そこには、精神的な幼児性を、精神発達の低い段階のものとしてではなく、心の故郷のように想い、一つの完結した精神世界として見ていこうとする文化が深く関与している。こうした精神文化は、けっして儒教文化の国、韓国伝統のものではない。明らかに日本的なもので、日本の昔話や少女漫画に典型的に見られるものだと私は思う。

冬ソナ以降生まれた新たな幻想

とまどい多き冬ソナブームで私が最もとまどったのは、冬ソナ以降、現実の韓国男性に対する少々度を超していると思わざるを得ない人気が、一部の日本人女性の間に一挙に広まったことである。これまでに見られなかった、新たな韓国幻想といってよいだろう。

冬ソナをはじめとする韓流ドラマが描くように、韓国の未婚男性に、お目当ての女性に対して「純粋に一途に愛情を傾け続けるひたむきな姿勢」が一般的に見られるのはたしかである。

韓流ドラマは、そうした韓国の未婚男性の特徴を、ことさらロマンチックに、情熱的な美しさをもって描く。冬ソナで火がついた韓流ブーム以後、韓国男性との結婚を望む日本女性が増えているといわれるのも、そのへんに最も大きな理由があると思う。

実際、結婚を斡旋《あっせん》する韓国の会社で、韓流ブームを受けて日本の女性会員が急増しているのもたしかである。新聞の報道によれば、韓国の結婚情報会社「楽園コリア（本社・ソウル）」は二〇〇四年一月に日本支社を開設し、一年間で約三八〇〇人の日本女性の入会を得ている。日本女性が続々と入会してくることを受けて、韓国男性は同時期に五二九一人が新たに会員になったという（『産経新聞』二〇〇五年二月六日）。

これまでの韓男日女の婚姻数が年間一二〇〇程度（二〇〇三年で一二四二件・二

〇〇四年一二二四件）で推移していることからしても、一つの結婚斡旋会社だけで右のような数字となるのは、かなり異常な事態と見てよいだろう。

韓国男性の間で日本女性はもともと人気が高く、韓国男性志向の日本女性が増えているという情報が広まってからは、いっそうのこと日本女性人気が高まっているようである。

フランスでも日本女性の人気はトップだと聞いた。短期間フランスで生活したことがあるので、なるほどなと感じる。フランスは何事も文化優先のお国柄、しかも伝統的に東洋趣味人が多い。日本は東洋一の文化国家、日本女性に憧れをもつ男たちは少なくない。

韓国の場合は、一つには日本コンプレックスからくる憧れがある。二つには、日本女性は韓国女性のようにきつくなく、ソフトで品があるお嬢様、というイメージが男たちの間に広く浸透していることである。それらに加えて、日本それ自体の豊かな経済、文化的な生活、世界的な先進性を本音では高く評価していて、日本女性を恋人にもったり妻にしたりしていることが、一種の社会的ステイタスともなり得るからである。

国際合コンサイト「ユビラブ」を運営するユビグローバルという会社が、同サイトを通じて行なった会員アンケート調査（二〇〇四年九月一日〜一五日）でも、「人気第一位は日本女性」であった。同調査では、韓国国内の男性会員四六五人に「国際結婚するなら、どの国の女性としたいか」と質問した結果、ほぼ半数の四七・三%（二二〇人）が「日本女性」と答えている。以下、ロシア女性二三・〇%、アメリカ女性一三・一%、ヨーロッパ女性七・七%、中国女性六・七%と続く（『朝鮮日報』二〇〇四年九月三〇日）。

このように、日女にとって韓国男は選びほうだいという現実がある。しかしながら同時に、韓国の男と結婚した外国人妻たちの大半が、「二度と韓国人と結婚したくない」と考えている現実があることも知っておいたほうがいい。

これについては、さまざまな意識調査でほぼ一致した傾向が見られるが、最近では韓国イメージコミュニケーション研究院が二〇〇五年九月二一日〜一〇月七日まで、韓国人と結婚した外国人男女一〇〇人（大卒以上の高学歴専門職従事者・男五二人、女四八人）を対象に実施したアンケート調査がある。同調査によれば、韓国人男性と結婚した外国人妻の七九%が「再婚するとしたら韓国人とはしたくない」と答えている。それに対して外国人夫で「韓国人女性との再婚はしない」と答えた者は四二%だった（『東亜日報』二〇〇五年一〇月一七日）。

外国人妻たちの八割が再び韓国人と結婚したくないというのだから、どこか韓国男の側に根本的な問題点があると考えるべきだろう。

韓国女性家族部（部は日本の省にあたる）も、国際結婚が急増する一方で、結婚生活になじめずに深刻な悩みを抱えている外国人妻の存在が、無視できない大きな社会問題となっていると指摘している。そのため同部は二〇〇四年三月から、韓国人男性と結婚した外国人女性への特別な支援に乗り出してもいる。

結婚前の「純粋に一途に愛情を傾け続けるひたむきな姿勢」は、いったいなんだったのだろうか。韓国男性人気の象徴ヨン様こと、冬ソナの主人公・チュンサンのプロポーズのことばは、次のようなものだった。

「僕はひとりの女性を愛しています。その人と、おじいさん、おばあさんになるまで一緒に過ごしたいんです。その人と僕に良く似た子どもたちの父親になりたいんです。愛する人と子どものために、僕が暖かい手となり丈夫な足となりたいのです。愛しています」

日本の冬ソナファンの間では、「冬ソナ名セリフ」の筆頭格にランクされていることばである。このことばはまさしく韓国的なもので、韓国の男たちは「家庭を大切にする人が多い」ともいわれる。たしかにそうではあるのだが、問題はその「家庭」とはどんなものなのか、である。外国人妻たちはその実際を、結婚生活のなかで身をもって体験することになる。

そして、あの「かつての一途さ」が何故《なにゆえ》のことだったのか、夫になるとどんな豹変が起きるのかを、誰もが知らされることになるのである。

次の章ではこのあたりのことをお話ししてみよう。

第一章　もしヨン様と結婚したら——韓国結婚生活の実態

韓国の男が「情熱的なロマンチスト」といわれるわけ

韓国の男性って、情熱的なロマンチストなのね、といったことばに直面し、どう応じていいやら困ることが、このところいたって多くなっている。韓流ブーム以前にはかつてなかったことである。

たしかに韓国の男たちの多くは、いざ好きな女性ができたとなると、なんとしても自分の恋人にするんだと、わき目もふらずに一直線に突っ走っていく。そして二人きりのチャンスを得れば、甘美なことばで現実離れした夢や空想をしきりに語りかけてくる。そうこうするうちに、女心をかき乱さずにはいない、いわば「殺し文句」が必ずといっていいほど飛び出してくる。

たとえば次のようなことば。

「僕の人生で最も幸せなことは、君に出逢えたことだ」

韓国の男たちで、こんなことばを一、二回会っただけで口に出す者は珍しくない。いきなりこういわれて、日本の女たちならばどう応ずるのだろうか。まず日本男児からは、そうそうは出てきそうにないことばだが、たいていの女には一度くらいはそんなふうにいわれてみたい気持ちがあるものだ。

韓国ドラマでは、男は女に率直にそうささやきかけている。で、実際の韓国の男たちもそんなことばでいい寄ってくるらしい……。たぶん韓流ブームは、そのあたりの未体験ゾーンへの自己投入願望にも支えられている。

のっけから甘いことばで口説かれた場合、韓国の女たちはどうするか。えっと思われるかもしれないが、猛烈に嫌な顔を見せながら、「なんのつもりなの、いったい！」とか強烈なひじ鉄をくらわせるのが普通だ。

それで男のほうはといえば、まるでたじろぐことはなく、以後、バラの花束にメッセージを添えて届けたり、「毎晩、君の夢を見るんだ、会って欲しい」と留守電に残したり、メールをしたり。それでも会おうとしなければ、門前に呼び出して「君を幸せにできるのはこの世で僕しかいないと確信した」と伝えたり。断られても断られても、何度でも何度でも、執拗《しつよう》にアタックを繰り返していく。

男はどこまでも執拗に誘い、女はたとえ相手を気にいっていたとしても強く断る。四、五回断るのは常識だから、十回、二十回と断られようとも挑戦を止めない男たちは少なくない。

二、三回の誘いで応じる女は、韓国では尻軽女以外の何ものでもない。強く何度も誘われたあげく、「私のことをそこまで思ってくれるのならば」と折れるようにして応じるのが韓国の女というもの。それで女の自尊心は傷つくことなく保たれ、男はそれだけ高い価値を手に入れたという満足感を得る。

韓国には「十回叩いて折れない木はない」という言い習わしがある。どんな女でもしぶとくどこまでも口説き続けていけば必ず落ちる、ということをいったものだ。これを逆にいえば、徹底的に口説き続けない限り女を陥落させるのは難しい、ということになる。

韓国の男たちの「情熱的なロマンチスト」ぶりは、今にはじまったことではない。そもそもの基盤は、「女たる者、貞節で身持ちが固くなくてはならぬ」という韓国の伝統社会にある。

正妻以外に第二、第三の夫人や愛人を求めた王朝貴族たちは、かの貞節なる女たちをいかに口説き落とすかをテーマに、こぞって「情熱的なロマンチスト」たるべく身を処していった。かつては詩文や酒席で示された彼らの「口説きの術は男のたしなみ」の精神を、現代韓国の男たちはそっくり引き継いでいるのである。

一歩間違えばストーカーとなるアタック攻勢

韓国の男たちの恋の習いでは、相手が本当に嫌がっていようとかまわずアタックを続けていくのだから、おのずと限りなくストーカーに近づいていくことになる。そのため、韓国のストーカー問題はどこで正常・異常の区別をつけるかがよほど難しい。

二〇〇五年の三月、韓国人を夫にもつソウル在住の日本女性（二〇代～三〇代半ば）数名と雑談をする機会があった。そこでも韓国男のストーカーまがいの話がいくつも飛び出した。

韓国の某大手企業で働くKさんは、独身時代に社内で日本語を教えていた。あるときKさんは、生徒の一人のエリート社員から、「好きになったから付き合ってくれないか」といわれた。教室でいつも熱い視線を送り続けてくる男だった。

その気はないと丁重に断ったのだが、次の日から一日に最低でも数回という電話攻勢がはじまった。連日あまりに頻繁なのがうるさくて、仕方なく電話に出ると「会ってくれないと死ぬ」という。「話したくない」と電話を切る。行く先々に彼が現れるようになり、ついには借りているマンションの前に一晩中立つようになった。

たまりかねた彼女は仕方なく警察を呼んだのだが、警察が帰ると今度は泣きながらマンションの前に立って彼女が出てくるのを待つ。そうして一晩中立ち続けて明け方に帰るのだが、朝会社で会っても何事もなかったような顔をしている。「恋人がいる」といっても、「かまわない」というのだからどうしようもない。恋人がいるからと手を出さないのは韓国の男ではない。恋人がいれば奪い取るまでアタックを続けるまでのことである。

ある日の夜、彼は酒を飲んで直接部屋まで訪ねてきて、ドアの前で「結婚してください」「私と結婚してくれるまで諦めません」と立ち続ける。こんな状態が何日も続き、そのたびに警察を呼んでは帰ってもらうということを繰り返しているうちに、ようやく彼は諦めてくれたそうである。

彼女は特異な体験をしたのではない。私もたびたび経験してきているが、この程度のことは韓国ではごく普通にあることだ。Kさんはいう。

「彼に限らず、韓国の男性は恋人の獲得にはものすごいエネルギーを使うんですね。一日単位どころか一時間のうちに何度も電話をするし、毎日手紙を書くし、行く先々に姿を見せるし、いったい仕事のほうはどうなってるんでしょうね」

『冬のソナタ』で、恋人たちが仕事そっちのけで愛を語り合う様子に、「いくらドラマでもリアリティに欠ける」と感じた人が多いようだが、韓国ではこれは現実そのまま。また同僚たちが、二人をかばってうまく仕事をサボらせてあげていたが、これもごく普通にあることだ。

私が日本に来る以前、韓国の病院に臨床病理士として勤務していたころのこと。ある男性患者に親切にしてあげたことで、自分に気があると思われたらしい。たびたび電話がかかってきて「お茶でも……」と誘う。付き合いたい相手ではなかったので何度も強く断ったのだが、「お前のことが好きなんだ、会ってくれないと許さない」と脅《おど》すように誘う。そんな電話を毎日のようにかけ続け、しかも夕方となれば私の勤務が終わるのを病院の前で連日待ち続けるのである。私は怖くなって、密かに裏門から出るようにしていたが、三カ月ほどしてようやく諦めたらしく姿を見せなくなった。

この程度のことは韓国では当たり前。私の周りの女性も大部分が同じような体験をしていて、たびたびそうされる人はうらやましがられもするのである。

韓国のテレビドラマでは、そうした韓国特有の男女もようがしばしば描かれている。たとえばこんなのがあった。

美人の大学院生にある男性が惚れ、女性のほうは嫌いなタイプだったので「いや」といった。しかし、男は毎日のように彼女の学校の前で待ち続ける。そしてある日、嫌がる彼女を強引に車に乗せて公園へ連れて行き、顔を背け逃げ惑う彼女の周囲をグルグル周りながら、カメラでパチパチと撮りまくるのである。

やがては自信たっぷりに「お前はおれの女になることに決まってるんだ」といい

ながら、彼女の家の前に毎朝立つようにまでなって数カ月。その効果あって、彼女が「そこまで私を愛してくれる男なんだ」と心が揺れはじめるや、今度は逆に彼女のほうが積極的になって、ついに二人は結婚にまで至る。

男の熱情に突き動かされるようにして、女のほうに恋心が起きるというのは、韓国での典型的な恋愛パターンである。

セクシーな声の魅力と頼もしさ

韓国の男のアタックぶりは、日本的にいえばほとんどストーカーと紙一重なのだが、次に紹介するMさんの夫のように節度をわきまえた人もいる。ただ、それは彼が日本生活の体験者だからなのかもしれない。Mさんは神戸で日本語学校の教師をしていたときに、生徒だった彼にプロポーズされて結婚し二年前からソウルに住んでいる。

彼は最初から、他の生徒の目があるのもかまわず明らかな好意を寄せてきていたが、とても感じがいい人なので親しく接していた。半年ほど経ったある日、彼が属する神戸の韓国キリスト教会へ来てみないかと誘われて同行した。その帰りに立ち寄った喫茶店で、いきなり「結婚してください」といわれた。

突然なので驚いたが、五秒ほど間をおいて「はい、よろしくお願いします」と答えたのだそうである。

承諾の決め手は何だったのかと聞くと、「半年の間に彼の誠実さがよく理解できていましたし、明らかに私を好いてくれていると思えたので、すぐ返事ができたんです」とのこと。それに加えて、彼の声がとても素敵なのだという。

「一般に韓国の男性は、お腹から低い声を出すんですね。これがとってもセクシーなんです。あの低い声で甘い愛のことばを、韓国語なまりの、あの独特なトーンの日本語でささやかれて身体がしびれました」

そのときのことばは、「君に出逢ったことが僕の人生で一番の宝物だ」だった。低く太い声でそういわれ、ぞっこん惚れてしまったそうである。

「男って、声がとても重要ですね。多くの日本女性がヨン様にはまっているのは、声が太くてセクシーなところがかなり大きいと思います」

愛のことばには、声が大事だと彼女はいう。

「『君は誰にも渡さない』『僕が必要な時に側《そば》にいてくれればいい』『君が好きで好きでたまらない』など、日本人からいわれたらキザな奴だと嫌になるに違いないんですが、あの声で韓国人からいわれるとエキゾチックでとても魅力的に聞こえるものなんです」

最近では韓国人が東アジア一身長が高くなっているが、彼も背が高くがっしりとした体つき。その彼が、歩くときには決して自分を車道側に立たせることのないよう気を遣《つか》い、しっかりと手をつないでくれ、無言でスッと手を出して荷物を持ってくれる。自分をどこまでも守ってくれそうな気がする。

韓国の男は疲れていても疲れたとはいわない。日本の男はすぐに疲れたという。韓国の男のほうがずっと頼もしい。日本では男女対等な立場で付き合おうとするが、それで女性にはかなり無理がきて、けっこう疲れるものなのだ。韓国では男が上に立った付き合いをしようとする。だから甘えられるし、任せておけばいいという安心感が得られるのだ。そう彼女はいう。

スキだらけの日本男児

来日してから五年くらい経って、日本人の人となりが少しずつわかりはじめたころ、私は日本の男たちについてこんなふうに感じていた。

「日本の男は自分を強固な者として装うことに、なんてずさんなのだろうか」

知的で質実剛健、常に堂々としてスキをみせることがない、これぞ男子の装い。女として、男はいつもそういうふうに自分を見せていて欲しい。

なのに、日本男児の多くは、なぜか知に働こうとせずに優柔不断、自分の弱さとスキだらけのふうを隠そうともしない。女を前にして、これはいったいどうなっているのかと思ったものである。

二人で食事でもということになると、男のほうは必ずといってよいくらい「何が食べたい？」と聞いてくる。どこか目当てのところがあっても、「こんなところがあるんだけど、どうかな？」と、いかにも自信のなさそうなそぶりでこちらの表情をうかがう。なんて弱々しい誘いなのかと、いらいらすることがよくあった。

韓国では男子たる者、自信たっぷりに「素晴らしいところがあるからそこへ行こう」「とても美味しいところがあるから連れていってあげる」と誘い、すべては自分に任せなさいと、有無をいわさず先に立って歩き出す。そういう男がかっこいいと好まれる。

かつて私が教室を開いて日本語を教えていた韓国人ホステスたちのなかで、日本に来て間もない娘のなかには、〝ヤクザ紳士〟に熱をあげる者が少なくなかった。それも、そんな「韓国事情」あってのことだったはず。

ところが、日本にしばらく暮らしていると、日本の男たちの「軟弱でスキだらけのよさ」がじわじわと伝わってくるようになるのだから、不思議なものである。私の場合まず、男を前に緊張することなく、ゆとりをもって安心した気持ちでいられるようになったことにはじまった。

韓国の男たちは徹底して頼りがいのある男たらんとする。女は男についていくしかないから、自分の行きたくないところでも、あっちだこっちだと引っ張り回されることになりがち。いったいどこへ私を連れていこうというのか。不安ながらも相手を頼りとするしかない。

それに、男子の装いを凝らされれば凝らされるほど、こちらも負けじと女子の装いを凝らすから、おのずとそうとうな気合いを入れて相手に向き合うことになる。

そんなこんなでかなり疲れるのだけれども、男女の付き合いとはそういうもの、強引なのはそれだけこちらを真剣に考えているからこそ。しっかりそれに応えていくんだと、いまから思えばそんな張り切り感覚があった。

あるとき、韓国の男たちの装いは、実は「完璧さ」の装いなのであり、そのスキなきがごとくのきつさに、ずいぶんと自分が圧迫されていたことに気づいた。それは、自分の弱点やスキをあらわにさらす日本男児との接触が必要に応じて密になるにつれ、その時々に不思議と楽な気分になれている自分を知ったからである。

日本の男が軟弱でスキだらけに見えたのは、ほんとうにそうなのではなく、そのように自分を装うからなのだ。そこに、こちらが入っていける余地が開けていた。日本の男たちを前にしていると、リラックスした気分で不安なくいられるのはそのためなのだ。

日本生活数年を経たころに、リアルに感じられたことはこうだ。日本男児は、韓国男児のように自分を完璧な者としてではなく、その逆にどこか少々足りない不完全な者と装うことをよかれとしている——。

完璧な装いの前には、従うしかない息苦しさがあった。私の知る限り、日本に数年以上生活している韓国の女たちで、韓国の男とはもう付き合いたくないという者はかなり多い。なぜかと聞くと、たいていの者が韓国男児の独善性をあげつらい、日本男児の思いやりとやさしさ、そこから得られる精神の平穏さをいう。

さて、ここまでは、韓女はやがて日男へなびいていくというお話。それが逆の場合、つまり日女が韓男になびいていって、いざ生活を共にするとなると、どういうことになるか。それを次にお話ししてみよう。

ヨン様タイプの男と結婚してみたら……

韓国人男性がまるでヨン様のようにやさしく、男らしくあるのは、だいたいは「きれいな恋愛時代」だけのことである。性関係を結ぶか結婚するかした途端に、「ガラッと態度が変わる」のがごく普通の韓国人男性だ。どのように変わるのかといえば、生来の男尊女卑的な性格が一気にあらわになるのである。

私は自分自身の体験からもいうのだが、韓国人男性の恋愛時代の「男ぶり」は、ほとんど無意識の演技だと思わなくてはならない。その点、韓国の男性と結婚しようかという女性には、ぜひともご注意申し上げたい。

実際、女性誌のアンケートなどを見ると、多くの男たちが結婚後ほぼ三カ月以内に、結婚前には女の前にぬかずき太陽のごとくの賛美を浴びせていたものが、妻をきわめてぞんざいに扱う夫へと君子豹変しているのだ。

私の韓国人の友だちにも、そういう体験をしている女性が何人もいる。ある友だちは、「天地神明に誓ってあなたを一生幸せにしてみせる」という男のことばにほだされて結婚してみると、数カ月もたたないうちに男の態度がガラッと変わり、平然と浮気をして悪びれない。また、高飛車に上から頭を押さえつけるようにものをいい、反発するとすぐに暴力をふるうのである。

彼女が「なぜあなたはたった半年でそんなにも変わることができるのか」と聞くと、彼はこういったそうである。

「俺は結婚前にお前に対してすべての自尊心を捨てた。だから、いまこうして自尊心を取り戻そうとしているんだよ」と。

そもそも、恋愛時代の男が完璧すぎることをおかしいと思わなくてはならない。完璧すぎるほどほんものではないと思わなくてはならない。情熱的で、ロマンチストで、やさしく、思いやりがあり、紳士的で、男らしく、頼りがいがあり……そんな男はそうそう現実にいるものではない。

そこに気づかないのは、女たちが男の個性に自覚的に触れようとしていないためではないかと思う。あまりの「男ぶりのよさ」を前に、男の個性に勝手な幻想をもってしまい、ほんとうの意味での人格に触れる機会を逸してしまっているのだ。

韓国では昔から、そして今なお「女は結婚した日から苦《コ》生門《センムン》が見えてくる」といういい方をされる。ことば通り、結婚とともに女たちはこの世の安逸《あんいつ》な生活に別れを告げ、苦しい生の門をくぐらなくてはならないということである。その苦《コ》生《セン》をもたらすベスト4が、夫の浮気、夫の暴力、男児出産への強い要請、姑《しゅうとめ》・親族との確《かく》執《しっ》である。

韓国男性版キンゼイ報告ともいうべき『韓国男性の性生活報告書』（李《イ》允洙《ユンス》著一九九七年）によれば、九〇％が妻以外の女性とセックスをしたいと答えており、七三％が浮気をした経験があると答えている。古くから韓国では「浮気は男の甲斐性」といわれたが、現在では「性の解放」の名の下に、婚姻外性関係の乱れはいっそうのこと進んでいる。

夫の暴力については、慢性的に深刻な社会問題であり続けている。九〇年代はじめに韓国保健社会部（現在の女性家族部）が「既婚女性の六一％が夫から肉体的な虐待を受けており、精神的なことまで含めると、九〇％以上の妻たちが虐待を受けていると推測できる」と報告している。

女性運動団体・女の電話相談室の調査（一九九〇〜九一年）によれば、「殴られ妻」の八二・七％が月に一回以上殴られており、月に四回以上が実に五〇・七％を数えている。その実態は「手足で殴る」（七六・五％）を筆頭に、「手段を問わず」「鈍器使用」「閉じこめて」「服を脱がせて」「タバコの火を付ける」と続いている。

一九九四年一月に「性暴力犯罪の処罰及び被害者保護等に関する法律」が、九七年十二月に「家庭暴力犯罪の処罰等に関する特例法」と「家庭暴力防止及び被害者保護等に関する法律」が制定されている。が、以後も事態はいっこうに改善されていない。

韓国女性家族部は「二〇〇〇年以後、夫の暴力が目立って増加傾向にある」と警告を発しているが、同部の二〇〇三年の調査では、四四・四％の家庭で夫の妻に対する肉体的暴力・精神的虐待が行なわれていることが明らかにされている。

韓国の伝統的な家族制度は父方の血族の一系性の持続を最大の目的としているため、家族は何としても跡取りとなる男の子を求める。そのため、法的に禁止されているにもかかわらず、多くの夫婦が妊娠中に男女の別を超音波などで知ることを医師に求め、女児ならば人工妊娠中絶をするケースがきわめて多いのである。十年前には二〇〇万件といわれ、現在でも一〇〇万件を超える違法人工妊娠中絶が行なわれていると見られている。

韓国の男女の出生比率が大きく偏っているのはそのためだ。日本の男女出生比率は明治以来現在に至るまで、女一〇〇に対して男一〇四〜一〇五台の割合だが、韓国では九三年に女一〇〇に対して男一一五というあまりに異常な数字を記録し、近年でも一一〇前後と、とても正常とはいえない男児偏重の数字を示している。

「夫は天」

「女は三日殴らないと天に上る（有頂天になる）」

「（婚家では）聞かざるで三年、言わざるで三年、見ざるで三年、そうして木石《ぼくせき》と化せ」

「嫁に行った女はその家の鬼神と化せ（婚家の者となりきって骨を埋めろ）」

「雌鳥がなくと家が亡びる」

など、男尊女卑社会ならではの古くからの言い習わしが意味する現実は、現在の韓国社会になおも生きている。そのことを、韓国人男性との結婚では肝に銘じておく必要がある。

姑・親族との確執については、先の日本人妻との話のなかにもたくさん出てきている。次にそのいくつかを紹介しておきたい。

韓国特有の家族関係との葛藤

Oさんは、子どもが産まれるとその日から韓国式の子育てを姑から強要された。予防接種は日本では生後三カ月からするのに、一週間後から「早く受けてきなさい」といわれる。子どもの調子がちょっと悪くて病院へ行くと、「すぐに点滴をうってもらいなさい」など、いつも即効性のあるものを強要される。

日本では、赤ちゃんには即効性の強いものはまず勧めないのが普通だ。離乳食でも、日本では蜂蜜や玄米食や牛乳はまだ早いというのが常識なのに、姑は早くそれらを食べさせなさいと強要する。

「韓国の一般家庭では、産まれた子どもは自分の子どもではなく家の子どもとなり、母親の権限はとても弱いものなんだなと知りました。それで夫も、子どもが産まれた日からガラッと変わってしまうんです」

そうなのよ！　とMさんが強く頷《うなず》いて語る。Mさんの夫は、子どもが産まれる前までは家事を分担するなど、近代的な夫婦主体の家庭経営でやってくれていた。それなのに、子どもが産まれた途端に「男が家事なんてするものではない」など、ことごとく姑のいうがままとなり、完全に典型的な「在来韓国男」へ変身してしまった。まもなく「私の息子」と呼ぶ声よりも「我々の孫」と呼ぶ声のほうが大きくなっていった。両親主体の家の意識が「私の息子」意識を圧倒したのである。

Hさんのところでは、新婚夫婦のマンションのキーを姑もまた持っている。姑は何の予告もなしに当然のように訪ねてくる。ある時外出から帰ってくると家の中の様子がおかしい。冷蔵庫を開けてみると、キムチなどのおかずがたくさん入っている。新しいパソコンがいつの間にか置かれている。電話機もいつの間にか新しくなっている。見かけない椅子がまぎれこんでいる。家財道具を姑が勝手に選んで運び込んでくるのである。

さらに姑は「結婚しているのになぜ髪の毛が長いのか」「スカートが短い」「主婦がジーンズではおかしい」「なぜこんなに高いものを買うのか」「なぜ日曜日なのに遅くまで寝ているのか」「我が孫の朝食はどうしたのか」など、毎日のようにやって来たり呼び出したりしては干渉してくるのである。

こちらからも、特別な用がなくても頻繁に親の家を訪ねたり、電話をしなくてはならない。「寒くありませんか」「暑くありませんか」「食事はちゃんと召し上がりましたか」など。連絡をしないと怒られる。いつまで経っても慣れないが、仕方なく義務感でやっているという。

韓国の家族の間では、何事についてもべったりとした皮膚感覚がつきまとう。

Kさんが休日に両親の家に行ったとき、姑が昼寝をしようといって、自分の布団の中に入ってこいという。仲のよい嫁と姑は、身体を抱きしめあったりして一緒に寝るものである。Kさんが嫌がってそうしないものだから、姑は「日本の嫁はなんで一緒に寝てくれないのか、寂しいものだねえ」と夫に愚痴をこぼすのだという。夫からは「そうしなければならない」と怒られている。

こうしたべったり感覚での家族関係が、悪しきもたれ合いを招いているケースは少なくない。Oさんの夫は次男だが、失職中の他の兄弟たちの生活費を長い間出し続けている。彼が一流会社に勤務しているからとみんなで彼に頼っているのだ。いくつになっても、職に就《つ》けないとなれば、親・兄弟・親戚の誰かが食べさせてやるのが韓国では一般的である。

また仕事をもっている者は、毎月親に生活費を渡すのが普通で、これを欠かせば親不孝だと非難される。結局はOさん夫婦が四家族の家計を支えているのである。Oさんは、こうした自己犠牲がよくない作用を及ぼすのを恐れ、次のようにいった。

「韓国の親密な家族関係は素晴らしいことだと思います。でも、親や兄弟の生活を助けているところでは、いくらでも仕事ができるのにそのまま頼りっぱなしになってしまっていることが多いんです。それで家族間のいさかいに発展したりすることがよくあります。親子・兄弟の情は大切ですが、韓国では情が人をだめにしているところがずいぶんあると思います」

今なお強い離婚女性への偏見

彼女たちの見るところでは、夫とはうまくいっていても、家族との関係がうまくいかなくて離婚するケースが韓国ではかなり多いのではないかという。後に話を聞きに行った政府系女性組織、韓国女性開発院でもその点をとくに重要視していた。

韓国の離婚数は二〇〇四年にはじめて減少をみたものの、急増に急増を重ねてきて現在離婚率世界第三位という状況になっている。ピークの二〇〇三年では、人口一〇〇〇人あたりの離婚数は日本の二・二五に対して三・五、結婚に対する離婚率では五四・八％と結婚の半数を上回る。

韓国の離婚は十数年前からしだいに増加していたが、九七年の通貨危機で韓国経済が破綻しＩＭＦ管理下に入ってからは、急激な増加がはじまっている。最も大きな原因は、職を失った夫の代わりに主婦が働きに出るようになり、これをきっかけに女性の社会進出が大きく伸びたためと見られている。男に頼っていても食べてはいけないという社会情勢の大変化が、離婚急増時代と晩婚急増時代の出発点であった。

その過程で家族法や戸籍法の改正があり、以前よりも女性が離婚しやすい条件が生み出されてもいった。しかしながら社会の通念、とくに男の意識のほうは相変わらずで、そのために離婚は、いまだに女性に大きな不利益をもたらすものであり続けている。二〇〇四年に離婚した、プロ野球選手のチョ・ソンミン（元読売巨人軍）と著名な女優のチェ・ジンシルのケースがそうした現実をよく物語っている。彼女は離婚調停を通して、なんとか二人の子どもに対する親権と養育権を獲得した。しかしその代わりに彼女が支払った代償は大きかった。慰謝料は要求しない、チョの銀行からの借金を半分近く（二億ウォン＝約二〇〇〇万円）肩代わりする、彼女の家族がチョに貸した多額の金銭の債権を放棄する、チョによる彼女に対する名誉毀損《きそん》や暴力事件への損害賠償訴訟をすべて取り下げる。これが離婚の条件だった。

彼女が被った不利益はそれだけではない。彼女とアパート分譲広告のモデル契約をしていたS建設が、広告費二一億ウォン、慰謝料四億ウォンなど総計三〇億五〇〇〇万ウォン以上の損害賠償訴訟を起こしたのである。モデル契約書の「契約期間中に社会的・道徳的名誉を毀損することで当社の製品及び企業イメージを毀損してはならない」との規定をたてにとったものだ。

「道徳的な名誉を毀損すること」とはすなわち離婚である。離婚女性を卑しむ韓国社会の偏見が、広告価値をマイナスへと貶めてしまうのは事実。こんな反倫理的な賠償請求をする企業のあること自体が、離婚女性への差別と偏見の根強さを物語っている。

韓国国会は二〇〇五年三月の本会議で、戸主制の廃止などを盛り込んだ民法改正案を賛成多数で可決し、二〇〇八年一月から施行されている。これによって、それまで子どもは父親の戸籍に入りその姓を名乗るほかなかったものが、母親の姓を選ぶことも可能となった。

「同姓同本」婚禁止の伝統

またこの民法改正では、姓が同じで、その姓の発祥地（本貫《ホングワン》）も同一である「同姓同本」の男女の結婚を禁じた条項も廃止される。同本というのは本貫を同じくするという意味で、「この姓をもって最初に血縁集団（氏族社会）を形成した地」と族譜（系図）に記された地名で表される。慶州《キョンジュ》がその地の金氏ならば慶州金氏と称し、金海《キメ》がその地の金氏ならば金海金氏と称する。

韓国伝統の戸主制のもとでは、結婚しても女性の姓が変わることはない。女性は結婚してもそのまま父方の姓を名乗るのだが、日本でいわれているような「夫婦別姓」の考え方とはまったく関係がない。この制度は、宗族と呼ばれる伝統的な古い血縁集団の考え方から行なわれてきたものだ。

宗族とは、男子単系の血脈で構成される同姓血縁集団のことをいう。この宗族が、男系の子孫を確保するために他の異姓異本の宗族から嫁を取るところに婚姻の意義がある。そこでは嫁は宗族の一員ではなく、あくまで他の宗族に属する女とされる。

だから生涯姓が変わることがないのである。

祖先を本貫まで遡《さかのぼ》るとなると、はるか古代の二千年くらいは前の時代になってしまうから、ほとんど伝説の世界である。各家には、本貫までの代々の先祖を記した日本の家系図に相当する族譜が伝えられているけれども、いずれも後世に作られたもの。この族譜には男子についてだけ記され、女性の場合は本人の名は記されず、「○○の女」と記録される。

この宗族のシステムは、いまから約六百年前に建国された李朝（李氏朝鮮王朝・一三九二～一九一〇年）の時代に儒教を社会制度の柱においたときから根付いたものので、それがいまなお、ほとんど崩れることなく存続しているのである。

儒教の最高の徳目はいうまでもなく孝《こう》である。日本で孝といえば一般に親孝行のことで、両親への敬愛の範囲を出るものではないだろう。しかし、儒教本来の孝は両親と祖先に対する孝であり、同時に結婚して子どもを、とくに家系を継ぐべき男の子を生んで血筋を子孫へつないでいくことまでを含んでいる。そのように、儒教思想に基づいて男子単系の血筋を延々と持続させていくための血縁集団が宗族なのである。

日本の場合は、同姓の婚姻が禁止されることもなく、父母双系制といわれるように、古くは男系と女系の双方が併行して行なわれていた。女性が婿《むこ》をとって家を継ぐことも当然のごとく行なわれてきたが、韓国ではありえないことである。

韓国で跡継ぎの男子がいない場合には養子をとることになるが、可能な限り血筋の近い者からとる。しかし日本では、まったく血縁関係のない者からとることも珍しくない。また、韓国では八親等（古くは十親等）以内が近親で結婚が避けられるが、日本では従兄弟同士の結婚すら行なわれてきている。今回の民法改正では、新たにこの八親等以内の婚姻禁止条項が盛り込まれている。

こうした民法改正について、女たちは多くが賛成しているが、男たちのなかには「韓国の伝統的な社会を壊すもの」と反対する者は少なくない。ソウルでは「改悪阻止」のスローガンを掲げた反対デモまで行なわれた。しかし大きな政治的勢力を形成するには至っていない。反対意見の男たちも、多くは時代の流れとあきらめているようである。

強固な父系血縁主義社会

「同姓同本」婚の禁止は、男と女の恋愛感情にも大きな影響を及ぼしてきた。

男と女が初めて出会って自己紹介しあい、たまたま同じ姓だったと知れば、相手がどんなに魅力的でもお互いに異性としての関心は急激に薄れていってしまう。同姓でも本貫が異なれば結婚は可能なのだが、同姓婚も極力避ける慣習が行なわれてきたからである。過去のどこかで血縁関係にあった可能性を恐れるのである。「同姓同本」婚禁止の伝統が長い間徹底されてきたため、同姓の相手に恋愛感情をもつ者は獣に等しいという通念が、さらには情念というか情動が、ほとんど自動的に働く。そのかわり、同姓とわかれば、すぐに親戚のような親しみを覚えて相手の年齢を確認し、年上ならばお姉さんとかお兄さんとか呼んですぐにうちとけていく。

もっとも韓国では、同姓でなくとも親しくなれば年上をオッパ（お兄さん）とかオンニ（お姉さん）と呼ぶのが普通である。恋人どうしでは、女性は自分のほうが年上でもだいたいは相手の男性をオッパと呼ぶ。親和を覚える意識の順は、血縁関係の次が出身地域でその次が出身校となる。

日本の姓は約三〇万もあり、トップの佐藤さんで約一九〇万人、人口のわずか一％強とのこと。それに対して韓国の姓はわずか二五〇ほど。金《キム》、朴《パク》、崔《チェ》、李《イ》、鄭《チョン》が五大姓で人口の五四％強を占める。上位二〇姓で約八〇％を占める。

トップは金氏で二〇％強だから、金さんの結婚対象は著しく狭いものとなる。韓国で「石を投げれば金さんか社長さんに当たる」といわれるのも、まんざら冗談ではないのである。

こうした事情で同姓婚ができないとなると、現代ではたくさんの悲劇のカップルが生まれることが避けられない。正式に結婚できないまま同棲する「同姓同本」のカップルは二〇万組を超えている。

しかも韓国の家族主義は、強固な父系血縁主義である。結婚しても女は父側の姓をそのまま名乗り続け、生まれた子どもは夫側の姓を名乗る。そのため、かつての法律では非嫡出子の戸籍の行き所がなかった。兄の養子や叔父の養子にする者も少数あったが、「戸籍を汚す」ことを嫌がる人が多かった。そこでいきおい海外に養子希望者を求めることになり、韓国は戦後ずっと世界一の「子ども輸出国」と記録されてきたのである。女が単独で戸籍をもてるようになったのは、実に一九九〇年一月からのことである。

また韓国では、異姓でも父側の血筋との結婚は八親等までは禁止、母側でも八親等まで結婚できない。日本の姓はそのまま血縁集団を意味するものではないから、同姓結婚は当然問題にならない。しかし、八親等以内の結婚ばかりかイトコ間の結婚まであることが、多くの韓国人に「不浄」な感覚を抱かせることになっている。さらに養子の貰い先、婿養子の入れ方にいたるまで、日本とは大きな違いがある。

こうした強固な「血縁間の結束」があるため、韓国では伝統的に血縁よりも国家への忠誠という形での、挙国一致体制をとることが難しい。しかしその一方では、韓国人の民族意識はこの血縁組織の拡大版だから、民族の尊厳などにかかわる対外問題では逆に挙国一致が生じやすいのである。

韓国は極端なほうかもしれないが、中国をはじめ血縁主義に基づく家族主義の傾向はアジアでは強く、中東ではさらに強く、日本は非西欧諸国では唯一の例外といえる。日本と西欧だけが非血縁共同体をもっての農耕村落を形成してきた歴史がある。その点で日本と西欧はとても近い。

婿養子で老舗を守る日本

ある年配の日本人男性から「私は婿養子なんですよ」といわれ、意味がよくわからず聞き返して驚いたことがある。婿はわかるし養子もわかるが、婿養子とはいったいどういうことなのか？

聞けば、日本の民法の旧規定には、養子となる男子が養子縁組と同時に養親の娘または養女と結婚する婿養子縁組の制度があったという。戦後韓国は民法にこれと類似する婿養子制度を定めはしたが、一般にはそんな制度があるとは意識にないし、私も婿養子の例を耳にしたことは一度もない。

韓国では男子がいない場合は、娘に婿を取ることはせず、できるだけ近い「同姓同本」の血縁から養子をとって家を継がせるのが普通だ。そのため婿養子と聞いてもなんのことかすぐにはピンとこなかったのである。

韓国で近年、大人気を博したテレビの連続ホームドラマに、サザエさん一家のマスオさんのように、結婚して妻の実家で暮らす男性が登場するものがあった。韓国でもそういうケースはしばしばあるが、韓国人ならばまずその男性の背景に「自分に力がないため妻の家の実力に頼って生きる」ことになった事情を思うものだ。ドラマの舞台は開業医一家で、夫は開業医養父のもとで働く医師という設定。そういう弱い立場の婿さんと養父との、互いの気遣いなどを面白おかしく取り入れて日常をコメディタッチで描いていた。サラリーマン一家のサザエさんたちとはやはり事情が違っている。

今の日本には婿養子の制度はないけれども、婿養子ということばもあるし、そういう観念での結婚もなくなってはいない。私が知っている若い男性にも、自分は次男だから婿養子になってもかまわないという人がいる。韓国人的な感覚からすれば、それで惨《みじ》めな気分や肩身の狭い思いをしないのだろうかと思わずにはいられない。

ところがどうもこの婿養子なるものは、単に「長男じゃないから」とか「息子がいないから仕方なく」ということでは理解できないところがある。息子がいるのにわざわざ婿養子をとって跡継ぎをさせる例まであるからだ。その典型が、江戸時代からの伝統をもつ老舗の商店である。銀座や大阪船場《せんば》の老舗などもその例外ではないらしい。

半分冗談みたいに聞いた話では、大店の息子たちには道楽者が多くて、店の金を勝手に遊びに遣ったりすることがある。でも婿養子となれば、養父にもおかみさんにも頭が上がらず、財布のヒモも自分の自由にはならないからだとか。

しかし実際には、商才のある若い男に目をつけておいて、自分の娘と結婚させて跡を継がせるというものである。このやり方は、近代以前の日本にあって、商店を家代々の経営によって持続させることができた大きな要因の一つだろう。こういう擬制《ぎせい》血縁システムは韓国にはない。韓国で家の持続がせいぜい三代から五代までなのも、老舗というものがないのも、血縁の持続と家の持続をイコールに考えることと大きく関係している。

制度としての婿養子は江戸時代以来のものだが、これは、いってみれば婿取り婚と嫁取り婚の折衷のようなものである。長年母系と父系が並列した日本独自の「発明」だろう。

興味深いことには、天皇家の婚姻儀式のなかには、この二つの中間の形が見られるという。それは、婿さん候補が嫁さん候補の家を訪問して、その家の主が婿さん候補の履物を隠す、それから訪問した三日目にその家で作った餅を婿さん候補が食べるといった儀式である。民間でも古くは見られたもので、「あなたをうちの婿さんとして迎え入れますよ」という嫁方の家の意思表示とされる。そのうえでようやく嫁取りができたというのだから面白いと思う。父系制なのにわざわざこんな面倒な手続きを踏むのは、「ほんとうは私はあなたの家の婿なんですよ」というように、母系的な権威への尊重の念があったからとしか考えられない。とすれば、老舗の婿養子も単に実力があるからというだけではなく、より多くはおかみさんの権威には弱い日本男子の伝統に期待したものだったかもしれない。

日本の夫婦は一つの布団で寝ない

来日二年から三年のころ、東京の英語学校の教師たちが主催する「外国人クラブ」へしきりに顔を出していた時期がある。英語圏の外国人たちが主人となり、英語に興味をもつ日本人が客となってテーブルを囲み、お茶を飲みながら英語で雑談に花を咲かせようとの趣旨でつくられた、会費制のいわば「英会話実践教室」である。

かといって私は、とくに英会話の上達を目指したわけではない。日本で生活する欧米人たちが、日本での生活をどう感じているのか、日本人や日本の社会にどんな印象をもっているのか、ぜひとも意見を交換したかった。しかも日本人を交えて話ができるのだから、なかなか得られない場を所だと思った。

そのころの私は、文化的な落差がもたらす日常生活のいらいらが、しだいに心の中にたまりはじめていた。いまだ気安く話せる日本人の友だちもおらず、孤立感も深まりつつあった。

自由な雑談だから何をいってもかまわない。そこで私は、「日本人はなぜこうなのか」と、日頃のうっぷんをぶちまけるかのように問題を出す。すると、すぐにあちこちから反応が返ってくる。それで議論は沸騰し、あっという間に時間が経っていた。

そのときに盛り上がったテーマの一つに、「日本人の夫婦はなぜ別々の布団で寝るのか」というのがあった。

欧米人の夫婦はダブルベッドで寝るし、韓国人の夫婦は幅の広いダブル布団で寝る。どう考えたってそれが夫婦というものじゃないか。それなのに、日本人の夫婦はシングル布団を別々に敷いて寝るという。しかも別々の部屋に寝る夫婦すらあるという。そんな夫婦が世界のどこにある、夫婦なのに夫婦の間に距離を置くなんて、人間としておかしいんじゃないか……。

欧米人たちと韓国人の私、全員一致の口角泡を飛ばす議論、とはいえぬ総攻撃に、日本人たちからはほとんど返ってくることばがない。各自、盛んに首を傾《かし》げて「そういわれてしまうとねえ」と不思議がってばかりいる。

一人の中年の日本人男性がこういった。

「韓国人の夫婦もダブル布団で一緒に？　ずっと朝までそうやってるわけ？　寝るときは一人ですっきり寝たいでしょうに、義務感でそうやってるんじゃないですか？」

そうそう、と他の日本人たちが相づちを打つ。冗談じゃない、それは逆じゃないか、日本人こそ夫婦を義務的な関係にしか考えていないんじゃないか、と欧米人たちが怒りだす。

そのころ、私は日本人と結婚したばかりの韓国人女性から、こんな悩みを聞かされていた。

「日本では夫婦は別々の布団で寝るのが当たり前なんですって、ほんとうかしら。だって夫婦は一心同体でしょう？　なのに夫は別の布団で寝ようとするのよ。嫌われたのかと思って『私のこと好きじゃないの』といったら、『好きだよ』とニッコリ笑って別の布団にもぐり込むのよ」

これは実に笑えない笑い話。彼女は心底悩んでいた。布団のこと以外でも、日本人は親しき仲にも礼儀ありで、夫婦の間で「ありがとう」「ごめんね」を連発するなど、韓国人にいわせればまことに「水くさい態度」をとる。夫は私に距離を置いている——結婚当初、そう悩む韓国人女性は少なくないのである。

日本人夫婦の「別々の布団主義」は、たいていの外国人が文化のちがいとは認めない。人間の問題だという。人間観がどこか屈折しているのにちがいないと主張する者も少なくない。これは「国際標準」からすると、かなりの大問題である。さて、日本人ならばこれになんと論駁《ろんばく》なさるか。

よくはわからないが、日本人の場合、夫婦は一心同体という理念よりも、二心二体のペアだという現実感覚が強いのではないかと思う。ペアの夫婦茶碗も日本に固有なものである。

浮気がすぐにばれる韓国

韓国では、男が小さなことにいちいち気を遣ったりするのはとてもみっともないことである。結婚すれば、夫の身の回りの細々としたことは妻が全責任をもって管理する。それは妻の務めとされるが、女の側からの重要な愛情表現の一つでもある。出張する夫のカバンの中味を整えるのはもちろん、朝出勤する夫のバッグの中を丹念にチェックして、足りないものを補ったりするのも、財布を調べて小遣いを入れてあげるのも、みんな妻の仕事である。

昼間、妻が夫のいない間に夫の机の引き出しを開けて掃除したり整理したりするのは、ごく自然な行為であり、夫宛の手紙を開けて読んでみるのも当然のことである。そもそも妻たる者、夫のことは何でも知っておかなくてはならないのである。

夫の部屋などに、妻の目から見ておかしなものがあったり、必要ではないと思えるものがあったりすれば、夫には断りなしに捨ててしまうのはよくあることだ。夫の趣味で買ってきて机の上に置いてあった灰皿が、妻から見ていかにもみすぼらしく見えたから捨ててしまった、など。

「なぜ大事なものを捨てたのか」と怒る夫に対して、「そんなつまらないものをなんで置いておくのか」と妻がやり返し、夫婦喧嘩になることも珍しくない。それでも夫は、それが越権行為だという意識をもっているわけではない。

夫としては、あらゆる自分の持ち物が事実上の点検を日々受けているわけだから、間違っても、引き出しの中や財布の中に不審な女名前の名刺などを入れておくわけにはいかない。ところが韓国の男は、なにしろ小さいことは気にしないことをモットーとしているものだから、不用心このうえなく、たいていは妻に不審物を発見されてしまう。だから韓国の夫はまず浮気を隠しおおせない。

どういう権利があって他人の手紙を開けたり他人の引き出しを開けたりするのか、などといったことは、韓国の夫婦の間ではいっさい問題にならない。夫のすべてを知らなくてなんの妻か、妻のすべてを知らなくてなんの夫か、というのが夫婦の道理だからである。

結婚生活を続けているうちに、だんだんと夫婦の趣味や関心が同じになっていって、やがては一心同体、顔つきまで似てくる、それが理想の夫婦関係だといわれる。家の中のことは妻の管理に属するから、夫としては結局、妻の趣味に合わせるしかなくなっていくわけであるのだが。

ところが日本の夫婦間では、互いのプライバシーを守るとかいって、相手の所有物には触れようとしない。それからいって、日本の夫は浮気をしてもばれる確率は、韓国の夫に比べれば相当低いはずだと推察できる。

日本人をよく知らなかった若き日の私は、西欧的な個人主義者でもあるまいし、しかも人間関係では何よりも調和を好む日本人が、なぜ夫婦間でそんなに距離を置くのかと、おおいに不思議に思ったものである。

機会をとらえて日本人に聞けば、「お互いのプライバシーは尊重しなくちゃいけないから」とか「相手の人格を尊重するから」との応えが返ってくる。

それならば、いったい何のために結婚するのか、というのが韓国人の疑問。夫婦とは一心同体、お互いに秘密があってはならない間がらだというのがいい分である。日本人と結婚した韓国女性が、夫から「プライバシー」を主張され、「夫は私に秘密をもっている」と結婚当初に悩む例は少なくない。

問題はおそらく、西欧化・近代化の問題よりは、「親しき仲にも礼儀あり」の日本と「親しき仲には礼儀なし」の韓国との違いである。その違いは夫婦関係に限らず、友人関係、隣人関係などにまで及んでいる。

浮気がばれたとき

韓国の男は浮気をなかなか隠しおおせない。一つには、小さいことを気にしない泰然自若《たいぜんじじゃく》とした態度こそ男のとるべきものと心がけるから、細かな穴から水が漏れるため。もう一つは、韓国人一般が自分の感情を隠すことがいたって下手だからである。しかも韓国の妻は、なにくれとなくきめ細かに夫の世話をするのが普通だから、夫のちょっとした変化にもすぐにピンときてしまう。

それで夫の浮気がばれるとなると、これはただではすまない。妻は夫を責めることはもちろんだが、何はともあれ相手の女性の居場所へすっ飛んで行くのが普通である。そこで多くの場合、女同士のすさまじい修羅場が展開される。相手の女性の髪の毛をつかんで外へ引っ張り出し、近所の人たちのさらし者にするとか、包丁やハサミを手に追いかけ回し、髪の毛を切ってしまったりするくらいのことは珍しくはない。

女同士の衝突から「刃傷事件」にまで発展し、新聞紙上をにぎわすこともしばしばある。私自身も、知り合いの女性に「一人じゃ心細いから付いて来て」と頼まれて同行し、まさしくそんな大立ち回りの場面を傍観したことが三回ほどある。多少のケガを負わせたくらいでは、社会的非難は妻に向けられることはなく、あくまで浮気相手の女性に集中する。韓国にはいまなお姦通罪があるし、妻の浮気相手への報復は社会的に正義の行為とされてきた。

全斗煥《チョンドゥファン》元大統領が現職のとき、美人女優と浮気したのが夫人にばれ、夫人はその女優の家に人をやって彼女にひどいケガを負わせたことがある。そのため彼女は女優の仕事ができなくなり、アメリカで治療を受けていたが、数年後にようやく仕事に復帰している。さすがにこの事件では、夫人はかなりの社会的非難を受けた。

そういうわけで私は、国民性の違いや個人差はあるにしても、夫の浮気に妻が怒り、相手の女性に報復を加えることは、どこの国にも普通にあることだと思っていた。

来日して仲の良い日本人ができてみて、日本ではどうもそうではないことを知って驚いた。日本では普通、妻は相手の女性に報復を加えるようなことはまずなく、ともかくも自分の夫との間で解決をはかろうとするようなのだ。相手の女性を責めるなど、そんなことをしても何の解決にもならないというのである。

ある日本人女性からこんな相談を受けたことがある。

夫が韓国の女性と深い関係にまで進展している、離婚まで考えているというのである。そのとき彼女は、つい相手のマンションまで訪ねて行くような、とても恥ずかしいことまでしてしまったと悔やむのである。相手の女性は留守だったというのだから、相手を傷つけたわけでもない。なぜ恥ずかしがるのか私は不思議でならなかった。

夫の浮気から離婚に至った何人かの日本人女性に話を聞いたことがある。

そのなかで一人の女性は、夫は浮気しているなと感じられたときから、夫をじっくり観察した。そして、これはもうどうにもならない状態だと判断し、離婚を決意して、着々と離婚後の生活の準備をした。そして準備が整ったところで、自分のほうから離婚を申し込んだというのである。

この話を韓国人の男性にしてみると、一様に「日本の女は怖いねえ」という。韓国人の妻は大騒ぎをするといっても、夫の浮気から離婚にまで発展することはあまりないからである。それには、離婚が困難な社会事情・経済事情が背景にある。もっとも、離婚しないといっても韓国人は身に受けた苦しい思いを容易に忘れ去ることはできない。

夫婦は一心同体、夫は自分の人生のすべてを任せきれる相手、しかし夫は私を裏切った。これ以上の苦しみはない、その苦しみに耐えながら、妻として母としての人生をまっとうすること、妻になるとはそういうことなのだ——そういう質の諦めが、韓国の伝統的な妻たちのものだった。

　離婚を女性最大の恥とし、出戻り女を白い目で見る親戚、隣近所、一般社会、父系血縁主義の強固な倫理観がある。そうした圧力から、「苦しみに耐える妻」の人生を宿命であるかのように受け容れていく韓国の妻たちは、いまなお少なくないのである。

　それでも近年の韓国では離婚が増大傾向にある。その最大の理由は、共稼ぎの増大にある。それは、一九九七年末の経済危機以来、家庭の主婦の多くが働きに出るようになり、女も経済力がなくてはだめだ、という風潮が大きく社会に広がっていったのがきっかけだった。

独身のまま死ぬ恐ろしさ

　少し前までの韓国では、結婚しない男女への世間の風当たりはきわめて強く、とくに三〇歳を過ぎても独身でいる女となれば、どこか欠陥があるに違いないと見なされるのが一般的だった。ましてや結婚もせずに仕事をしているとなると、女であることを放棄しているとすらみなされた。

　それでも「女と仕事」についての考え方は大きく変わりつつある。たとえば男性にとって理想の結婚相手の女性像は、六〇～七〇年代は「賢母良妻型」（韓国では賢母が先にくる)、八〇年代は「従順型」、九〇年代に入って一転「セクシー型」となったが、最近では独立心が強くて経済力のある女性の人気が一番高い。それは、先にもいったように九七年に襲った経済危機以来、リストラされた夫に代わって妻が働きに出るという動きを契機に、女性の社会進出が活発になったことが大きく影響している。

そういうことで、これまでの「夫は外で稼いで妻は家を守る」といった結婚観は、妻も働いて稼ぐしかなくなった家庭の増加という現実もあって、しだいに崩れつつある。それに伴い、経済的にある程度自信がついてきた韓国の女たちのなかには、できれば結婚はしたくないと考える者が増えてきている。それは「女は結婚したときから苦生門が見えてくる」という古くからのことわざが、今なおリアリティをもって耳に響く現実があるからだ。

結婚することとは、安定と引きかえに自分の生き方を終え、夫や子どもや舅姑のために生きていくこと……そう受け止めて苦労を忍んできた母たちの世代がある。ならば、経済的に自立できる以上は、結婚生活になんの魅力があろうか、しないほうがいいと考える女たちが増えても当然なのである。

そうではあるものの、一般的には依然として、何とかいい男を見つけて結婚したいという願望は日本の女性とは比べものにならないほど強い。いくら経済力があるにしても、独身のままでいることへの周囲の目には、多少和らいだとはいえ、いまだ耐え難いものがある。結婚して苦しい目に遭うよりもさらにつらいものがある。

そこには、結婚は個人の問題ではあり得ず、あくまで一族の問題であって、何よりも子孫を産み残すことこそ女の善であり務めであるとする儒教的な観念が、民間信仰と結びついて根強くあるからである。

韓国には「処女鬼神ほど恐いものはない」という、古くからの言い習わしがある。処女とは韓国では未婚の女性のこと。独身のままで死ぬと、その鬼神、つまり霊の恨みはどこまでも深く、恐ろしい威力を発揮するといわれてきた。独身男性の死霊も恐いが、女性霊の恐さからすればたいしたことはない。

恨みの理由は、性的な関係をもてずに死んだから、子どもを産む力を発揮できずに死んだからということだが、なによりも子孫を残していないことが、深くて強い恨みとなる。その第一は、自分の子どもがいないと、死後に自分の霊を祭祀してくれる者が存在しないことになってしまうからである。

そうなると、よりどころのない霊は村中をさまよいながら、村人たちや親戚の間を動き回っては苦しめる。李朝時代には中央から派遣されてきた守令（村長・町長に相当する地方官）には、その村や町に未婚の男女がいればなんとしてでも結婚させることが役割の一つでもあった。国家的にもゆゆしき問題であったのだ。

独身のままで女が死んだ場合、霊の威力を少しでも緩和するため、男の服を着せた藁《わら》人形を作って墓の中に入れたりする。また霊が墓をやぶって出られないように、イバラをたくさん詰め込んだりする。さらには、よそから独身で死んだ男を探してきて「死後結婚」をさせるケースも少なくない。その場合、その死んだ男の家族の戸籍に死んだ女を入籍させる。そうして死後の夫婦となったところへ親戚から養子をもらい、その養子に祭祀をしてもらうのである。

こうした死後結婚の習俗は、中国・台湾にもあったものだが、日本でも地方によってはいくらか行なわれていたものといわれる。

ムンジャの受けた浮気夫からの虐待

先に述べた女優チェ・ジンシルとプロ野球選手チョ・ソンミンの間にあったのは、結局のところ、夫の浮気と暴力という、韓国社会に根の深い夫婦問題であった。この韓国特有の「夫婦問題」のあり方は、都市でも農村でも変わりはない。男の子を欲しがることでも、嫁と姑との確執の強さでも同じことである。

ひとつの典型例として、私の親友である小学校の同級生が結婚してから現在に至るまでの足跡を、彼女から話を聞いたままにご紹介してみたい（拙著『海の彼方の国へ』より一部を抜粋。ＰＨＰ研究所・二〇〇二年）。所は済州島《チェジュド》の漁村、彼女は四〇代の子持ちの主婦、小学校を出てから海女《あま》の仕事をしているムンジャである。

ムンジャは一九七九年、二三歳のときに結婚していったん海女を辞めている。夫と二人で釜山《プサン》へ渡ったのである。夫は鋳物壺運搬車の運転手となり、月給は五万六〇〇〇ウォンだった。ムンジャは製靴工場で働き、月給は六万ウォンだった。ただし、夫は一日八時間労働、ムンジャは一日一六時間労働の結果の報酬であった。

一六時間労働とはすさまじい話で、すべての女工がそんな働き方をしていたわけではない。が、ムンジャは、体力が許す限り、より多くの稼ぎが得られる限り、働けるだけ働くことをいとわなかった。済州島の女では別段珍しいことではない。

とてつもない切り詰め生活をしたのだったろう、ムンジャ夫婦は二、三年で小さな雑貨店を持つことができた。ムンジャはその間に長女を出産し、長女が六歳のころに店をたたんで済州島へ戻った。夫が実家の援助を得て実家の近くに鋳物壺工場をつくり、古い鉄や鍋などを溶かして釜山へ搬出する仕事をはじめることにしたのである。

工場をはじめてすぐに、ムンジャは二番目の子どもを身ごもった。そして妊娠七カ月目のころから、夫の浮気がはじまったのである。相手は全羅道《チョルラド》から入ってきた酒場の女だった。

夫は女に部屋を借り与えて通っていたのだが、「工場をやっているから、どうしてもお客さんとの付き合いが多くなっちゃって」とうそぶき、家に帰らない日が多くなっていた。ムンジャは「どこか怪しい」と不審を抱いてはいたが確証がない。発覚したのは、次女が生まれてから少し経ったある日、帰ってきた夫の服を脱がせていたところ、明らかに女のものとわかる長い髪の毛が服に付いていたことからだった。

それでムンジャがいろいろと調べたところ、工場の経理に大穴が空いていた。借金だらけで工場はほとんど倒産状態、しかも夫はあちこちの親戚にまで借金をしているようなのだ。夫は会社の金を持ち出し、それでも足りずに借金をし回り、せっせと女に貢《みつ》ぎ続けていたのだった。

怒り心頭に発したムンジャは、単身その女の所へ乗り込んだ。

「人の夫に手を出すなんて、なんて女か！」

ムンジャがそういうと、女はこう切り返してきた。

「夫をちゃんと守れずに、ろくなサービスもできない女が、そんなことよくいえたもんだ」

これで完全にキレたムンジャは、女の長い髪の毛をつかむと、部屋中をぐるぐると引っ張り回した。悲鳴をあげる女を部屋のすみに放り投げ、「別れなきゃ、何度でも来るからね」と捨てぜりふを残して部屋を出た。そんなことを何回も重ねた。

ちなみにいうと、このように夫よりもまずは相手の女のところへ乗り込むのが、韓国では普通だ。そこで女対女の暴力事件が起きることは珍しいことではない。もちろん、都会でも田舎でも。今なお、新聞にはそのような記事がしばしば載っている。

夫はムンジャの「乱入」を女から聞かされてから、ムンジャが女のことで文句をいうたびに殴るようになり、やがて家には帰らなくなった。それでもムンジャは、なんとか夫を連れ戻そうと女の部屋にたびたび乗り込んでいく。すると夫は女の見ている前でムンジャを殴るのだ。

「その殴り方は口ではいえないほどなのよ」

夫はズボンのベルトを手に二、三回巻くと、ムンジャの身体をところ構わず殴り出す。ムンジャが顔を殴られまいと下を向くので、首の後ろをガンガンと殴る。殴り出したらもう止まらない。逃げようとすれば、逃げられないように押さえつけて殴ってくる。夫はいつも、自分がくたくたに疲れるまで殴り続けたという。先の報告にもあった、典型的な妻虐待である。

ムンジャは、いまだにそのときの後遺症で首が痛い、ときおりズキンズキンときて、痛くてたまらなくなるという。

女はムンジャが殴られているのを平然と脇から眺めていた。それればかりか、けしかけすらしたという。

「ほっとけばいいのに、わざわざ来るからそうなるんじゃないか。そんな女は殴られても仕方がないのさ」

女の声を耳にしながら、ムンジャは夫に殴られ続けていた。

「浮気される奥さんのつらさ、ほんとうに、よーくわかるのよ」

ムンジャは大きくため息をついた。

女を連れて逃げた夫

殴っても殴ってもムンジャがやって来るからか、ついに夫と女は莫大な借金を残したままで釜山へ逃げてしまった。借金総額は三〇〇〇万ウォン。当時では、都会でかなりいい住宅を買えるほどの額だった。

韓国の男たちに一般的に強い浮気ぐせは、父系血縁主義社会の生んだ、まことに不健康な慢性病だというしかない。またムンジャの夫のように、浮気をしても平然と居直り続け、さらには妻に容赦のない暴力を振るうような男は、韓国ではけっして珍しくはないのである。離婚が「社会悪」とされるため、女は容易に離婚ができない。そういうこの国に特有の問題といえるだろう。

今では日本でいう「駆け込み寺」に相当する、夫の暴力からの避難所が各地に少

し は設けられているが、当時はそんなものはなかった。また、後に述べるけれども、どんなに酷《ひど》い仕打ちにあっても、韓国の女にはなかなか離婚を決心できない事情があった。男たちにはそれがよくわかっているから、かなり酷いことも平気でやってのけることができる。

こんなことはあまりいいたくないけれども、実際に男天下の伝統の上にあぐらをかいて、妻を平気でいたぶる男がたくさんいる。再びいうと、「女房は三日殴らないと天に上る」とか、「夫は天」とかの教訓まがいの言い習わしが、まことしやかに語られてきたのは、韓国ぐらいのものだろう。

夫に女と逃げられて、ムンジャは諦めるしかなく、子どもたちを連れて仕方なく実家に戻った。済州島では実家に帰れるだけまだ幸せで、半島ではそれがなかなかできない世間事情の中で女たちが苦しむことになる。

何をする気もなく家でじっとしていると、結婚前に一緒に海女をやっていた同期生のポクセンがやって来た。ポクセンは、「子どもの牛乳代でも稼いだほうがいいんじゃない」と海女仕事への復帰を勧めた。身体の力が抜けたようだったし、悲しくて毎日泣いていたのだったが、このままではいけない、いいきっかけだとムンジャは自分にいい聞かせた。

「そうだね、やろうか」

こうしてムンジャは十年ぶりに再び海に潜ることになり、今に至っている。

海女復帰の初日は、みんなについては行ったものの、いつしか涙が溢れてきて目の前がかすみ、頭もボーッとして海に浮かんだままで終わってしまった。薪を焚《た》いてみんなで身体を暖めている間も、ムンジャは泣いてばかりいた。そんな日が毎日続いた。まるでみんなの前で泣かせてもらうために海に行っているようなものだった。

そんなムンジャだったが、仲間たちはひとことも文句をいわずに受け容れてくれていた。また、獲物を採れないムンジャにサザエやアワビを分けてくれ、いつも優しいことばで慰めてくれた。

何も採れなくても、仲間と一緒にいると心が安らいだ。そんな日が十日ほど続いた。その間、仲間からもらったサザエを子どもたちに食べさせているうちに、だんだんと力が湧いてきた。

「男なんかいなくたって生きていられる、仲間がいるし、仲間と一緒にサザエを採っていれば生きられる」

そう実感して吹っ切れたという。

そこまで話して、ムンジャのことばが詰まり、流れ出る涙を抑えられなくなってしまった。私ももらい泣きの涙が止まらない。喉が詰まってことばが出ない。しばらくの間沈黙が続いた。

戻ってきた夫

その翌日からムンジャは、力いっぱい深い海の底へ潜っていった。

ムンジャにはすぐに昔の実力がよみがえってきた。おのずと収入も日に日に伸びていき、仲間たちに近づくことができた。生活費をとくに切りつめなくても、かなり貯金ができるようにもなった。夫の借金はあったが、実家に戻ってしまった自分のところにまで、借金取りたちが押しかけて来ることはなかった。

今から思うと、夫の浮気で頭がいっぱいになっていたあのころの自分は、何についてもキリキリと神経を尖《とが》らせていて、性格的にとても粗暴になっていた。そんな母を見ながら育ったためだろう、次女の性格にはちょっと乱暴なところがある。私が悪かったのだ、しっかり抱きしめてあげられなかったと罪の意識を感じてならない。いつも心のなかで次女に「ごめんね」と謝っているのだという。

周りからは、あんな男は諦めて再婚したほうがいいといわれた。でも自分には子どもが二人いる、再婚なんかはとうてい考えられることではなかった。

それには理由があった。

ムンジャの母は、離婚して今の父のところに嫁いできたのだった。前の夫との間に娘が一人いたのだが、娘を夫のもとにおいて、今の父のところに嫁いできた。ムンジャが子どものころ、ムンジャの姉にあたるその娘が一九歳のときに、母を訪ねて家にやって来た。そして彼女は泣きながら、母にこう訴えていた。

「どうして私を捨てて再婚してしまったの……恨んでるわ、私。みんなみたいに『お母さん』ということばを口にしたくてたまらなかったのに、私は一度もしたことがないままに育ったのよ……」

そのときムンジャは、なんてお姉さんはかわいそうなのだろうと思った。あのとき自分は、絶対にお母さんのような生き方はしない、自分が産んだ子どもを絶対に捨てたりはしないと心に誓った。

韓国の民法では、女が単独で戸籍をもつことができるようになったのは一九九〇年からである。八九年までは、離婚した女は実家の父の戸籍に戻るしかなかった。子どもは夫の戸籍から動かない。そのため、離婚すればどうしても子どもは夫に取られてしまう。ムンジャがあれだけ夫に酷いことをされても離婚しなかったのはそのためである。

「それでね、占い師を訪ねていくようになったの。大きな心の支えになったわ」

ムンジャから「占い師」ということばが出て私は驚いた。ムンジャの家は敬虔《けいけん》なクリスチャン一家だったからである。

私が教会に通うようになったのもムンジャがいたからだった。私が子どものころの済州島では、クリスチャンはまだまだ少なかった。それでも村に小さな教会があって、ムンジャの家族はその教会の熱心な信者だった。

「教会に行くとおいしいものをくれるのよ」

小学生のころ、そういう彼女に誘われて教会に行くようになったのが、私がクリスチャンになったきっかけだった。キリスト教体験は私の人生のなかでも大きな意味をもっている。そういうことでも、ムンジャは私にとって、とても大切な人なのである。

ムンジャは、今の自分はもうクリスチャンじゃないという。占い師がしてくれる話はもっと頼りがいがあるのだと。信じられない思いがするとともに、よくわかるとも思えた。それはそもそも、韓国のキリスト教には「占い師的な要素」が多分にあるからである。そういって語弊《ごへい》があれば、シャーマニズム的な要素といったらいいかもしれない。

ムンジャは、噂の高い占い師をあちこちと訪ねて歩いていた。そしてあるとき、一人の占い師からこういわれたという。

「あなたの夫は必ず戻ってくる。二人が別れることはできない。夫は絶対にあなたを捨てることはしない。三月になればきっと戻ってくる」

そのことばに強く支えられてなんとか生きられた。そして不思議なことに、ほんとうに三月に夫が帰ってきたのである。浮気をはじめてから三年、釜山へ駆け落ちしてから半年後のことである。

そう、男は必ず戻って来る。とくに彼は家を継ぐべき長男であり、長男が家を捨てれば社会的失格者になるからだ。

ムンジャは仕事をしている間だけ、子どもたちを夫の親に預けていた。仕事から帰って子どもたちを連れに行ってみると、そこに夫がいた。ムンジャはびっくりして、思わず大声をあげた。

「いまさら、なんで戻ってきたのよ！」

「帰ってきた理由も聞かないで、そんな態度をとるなよ」

そして夫は、真剣な顔をしてこういった。

「あの女とは完全に別れてきた、これからは昔の気持ちに戻って、お前と一緒にまじめに生きていきたい」

絶対に許せないと思っていたのに、そういわれて許してしまった。

夫の祖母の介護を押しつけられて

ムンジャが海女の仕事をして貯めたお金で小さなバラックのような家を借り、再び親子四人で暮らすようになった。すると間もなく、借金取りたちが押しかけてきた。連日のように玄関の前で座り込んだり、大声を出したりする。ほとんどノイローゼ状態になり、食事も喉をとおらない日々が続いた。それなのに、夫の親たちはまったく知らん顔をきめこんでいる。

借金地獄から脱出するためには、とにかく働いて返していくしかない。毎月の返済を約束してがんばることにした。

夫はタクシー運転手となり、ムンジャは必死になって海に潜った。夫の稼ぎはいいときで一日二万ウォン、ムンジャは平均四万ウォンほど。二人の稼ぎは毎日入金されるたびに、大部分が借金取りに持っていかれた。夫の稼ぎがまったくないときもある。タクシー運転手たちは仲間どうしで博打をするのが常で、稼いだお金を全部すってしまうこともよくあった。夫の稼ぎはあまりあてにせず、ムンジャは自分の稼ぎから生活費を出し、子どもたちの学費を出すようにして、借金もほとんどは自分の力で返していった。

それでも、夫は夫なりによく頑張ってくれたと思うという。どうしても、自分の夫を悪くいい切れないのである。

その間に三女が生まれた。

その家で十年間暮らし、一九九〇年に夫の実家に入った。隣の家に夫の両親が住むことになり、代わりに両親が住んでいた家に入れてもらうことになったのである。

ところが実家に入ると、夫の両親から九三歳になるお婆（夫の祖母）の介護をしろといわれた。どうやらそれが狙いで、実家に来るようにさせたようだった。

「なぜお婆の介護まで私がしなければならないんですか」

ムンジャは、お婆はあなたたちの親じゃないか、世話をするのはあなたたちの役割ではないか、といったのである。しかし夫の両親はこういうのである。

「あのお婆がお前の夫を育てたんだから、お前がやらなくちゃならないじゃないか」

済州島の家ではほとんどの女が働くから、母親が働いている間、子どもたちの面倒はたいていは夫の母親がみたものだった。それで多くがお婆ちゃん子、孫には返さなくてはならない恩がある。夫は六人兄弟の長男、ならばその嫁が世話をするのは当然だ……。そういう世間常識があって、仕方がなかった。

世話をはじめてから一年後、お婆はほぼ「恍惚《こうこつ》の人」となり、ある程度身体は動くものの完全介護が必要となった。布団から起こし、おしめを取り替え、ご飯を食べさせ、風呂に入れる……。仕事から帰ってくると、家の中がめちゃくちゃに散らかっている。ほとんど幼児と化したお婆の所業である。片づけきれずに、家中がまるでゴミ捨て場のようになった。

お婆は九八歳で亡くなるが、その五年間、親戚の誰一人として手も貸してくれないなかで、ムンジャは自分だけでお婆の介護を続けた。もちろん海女仕事や畑仕事をやりながらの毎日である。お婆が亡くなる日まで、汚れた布団を洗わない日はなかった。

男の子を産まなくてはならなかったための流産

お婆の介護もつらかったが、それに加えてさらにつらかったことは、「男の子を産めない女」と後ろ指を指されることだった。親戚が集まるたびに、みんなから「早く男の子を産まないとだめだ」と、叱責口調でいわれるのである。

義理の母から「男の子を産めない奴め！」と、玄関に向かって唾をはかれたことは数え切れない。唾をはくのは一種のお呪《まじな》いで、そんな女は家にはいらないということなのだ。義理の父からも「男の子のいないお前のところには財産をやらないからな」と何度も念を押された。

男の子が産めない女だから、お婆の介護をするぐらいは当たり前――夫の両親は、ムンジャに面と向かってそういう態度をとり続けていた。繰り返しいうが、これはけっして田舎ばかりのことではない。

何よりもつらいのはチェサ（祖先祭祀）のときだった。親戚の男たちはみんな息子を連れていて、息子と一緒に先祖に礼拝する。しかし自分の夫は、いつまでも自分一人で礼拝するしかない。そのたびに夫が鬱々《うつうつ》たる気持ちになっているのが痛いほどわかるのだ。

女は父系血縁集団（宗族）のメンバーではないから、先祖に礼をすることを要さない。女はチェサの準備の裏方をやるだけで、祖先祭祀の儀礼に参加する資格はないのである。父系血縁集団の跡を継ぐ男の子がいないということで、どれだけ屈辱的な気持ちに苛《さいな》まれるものなのか、日本人にはおよそ想像もつかないことだろう。

ムンジャは、何としても男の子を産まなければならないと思い詰める。しかしこればかりは、いくら心がけても、どうすることもできない。間もなくムンジャは四人目の子どもを妊娠した。妊娠五カ月になったとき、神に祈る気持ちで羊水検査をした。結果は、また女の子だった。ムンジャは絶望的な気持ちに一人打ちひしがれるしかなかった。

これ以上女の子を産むわけにはいかない、「また女か」と、今まで以上に非難を浴びせかけられることは目に見えている。ムンジャにはとても耐えていく自信がなかった。

ムンジャは人工流産を決心した。流産とはいっても妊娠五カ月だから、すでに子どもの形ができてしまっている。母体が安全なままできるかどうかもわからない。

流産の促進剤を注入し、なんとか流産させることができた。しかし、その後遺症が酷かった。丸ひと月の間、下半身がギリギリと歯の鈍いノコギリで挽《ひ》き切られるような、凄まじい激痛が続いた。とても歩くことはできず、トイレにも痛さをこらえて這って行くしかなかった。

二度と流産はすまいと思った。こうなったら、たとえ一〇人、二〇人と女の子が続こうとも、男の子が産まれるまで産み続けるんだ——そう心に決めたという。

何ともすさまじい話である。でも、なんべんもいうようだけれども、韓国ではとくに珍しい話ではない。

「最近は少しは変わったというけれど、ほとんど昔と同じよ、いまだに韓国では女は人間じゃないのよ」

そういうムンジャのことばには、切実な実感がこもっている。韓国で今なお、極端に女の子の出生比率が低いのは、先にも述べたように、羊水検査や超音波検査の結果次第で女の子を人工流産する者が跡を絶たないからである。ムンジャのいう状況はけっしてなくなってはいない。

「自分の娘たちのことを考えるとね、悲しくなって仕方がないの。あのころの自分のことが浮かんできて、ゾッとして身体がブルブル震えるのよ」

今も昔も大きな変わりはないのだという。

「男の子を産めない女のつらさって、私はだれよりもよくわかる」

私自身、これまで多くの女たちから聞かされてきた話だが、ムンジャのことばもまた、父系血縁集団のあまりにもおぞましいあり方への恨みに満ち満ちていた。ムンジャが次に妊娠したのが男の子だった。ムンジャがみずから「いちばん甘やかしている」というのも、そうした事情があったからこそのことだったろう。ムンジャにしても、その子が産まれる前の日まで、午前中に畑の仕事をして、午後には海女の仕事をしていたのである。

予定日よりかなり遅れて産まれたのだったが、今回はとくにお腹が大きかったという。海に潜ると、お腹が大きいために底がよく見えない。また、大きな岩の底を覗くためには、お腹がじゃまになるので、仕方なく仰向けになって覗かなければならなかった。

息を止めて潜りながらあちこちを這って獲物を探しているときに、お腹の中で胎児が激しく動き出す。つらくなって海面に上がり、浮きをつかんだままジーッとしていると、やがて静かになる。静かになれば、また海の底をめざして潜っていく。

「でもお腹が大きいときは、いつもより浅いところで潜るのよ」

ムンジャは何でもないかのようにいう。

「一日の収入が普段なら七、八万ウォンにはなるのにさ、妊娠中は三、四万ウォンしか稼げないのが悔しかったなあ」

　私はハラハラしながら話を聞いていたが、なぜそこまでやるのか、とても理解ができなかった。しかしムンジャはこういうのである。

「三、四万なんて、道端に捨てたと思えば、諦めのつくお金かもしれないね。でも、捨てられてそのまま腐ってしまうと思うとね、もったいなくて、どうしても拾って来たくなるものよ。海の底には持ち主のいないお金が、そこら中にころがっているのさ。それに、家でジッとしてると身体がムズムズしてきて、居ても立ってもいられなくなるし」

　当然のことではないか、といわんばかりである。

　男の子が産まれると、夫の両親の態度は一変した。ムンジャにとても優しく接するようになり、財産も長男家にふさわしい額を分与してくれた。両親とも、男の初孫は目に入れても痛くないとばかりに可愛がり、ちょっとでもおいしそうなものを見つければ、そのたびに買ってきては孫に与える。異常なほどの溺愛《できあい》ぶりである。これも韓国の祖父母の典型。

　今の家の土地も、息子が産まれて間もなく譲ってもらい、古い家を壊して数年前に新しく建て直したのである。

「材料はできるだけ安いものにしたけど、かなりかかってるのよ」

五年前で五〇〇〇万ウォンはかかったそうだ。しかも三〇〇〇万ウォンもの借金を完済し、長女は大学に、次女は高校にやっている。寝るとき以外は働き詰めという、私からすればとてつもないエネルギー放出の結果である。

ここまで話すと、ムンジャはコーヒーを入れに立ち上がった。

子どもたちがいるから生きられる

ムンジャは、息子が産まれて十日ほど産後の休みを取ってから海に潜った。十日とはかなり長めの休みである。母たちの世代では、三日休んでから海に潜るのが普通だった。でも、産後間もない女たちはよく、「力が出なくて底のほうまで潜れずに、途中であがってしまうばっかりだ」とぼやいていた。

息子が産まれてから、夫の博打が激しくなった。運転の仕事もほったらかし、家にも帰らず、ポーカーに熱中しだしたのである。大きな金額を賭けるもので、あっという間に数千万ウォンもの借金ができてしまった。

やっと少しゆとりができたと思ったら、またまた借金である。いくら恨んでも恨み切れない、まったく甲斐性なしの夫だが、子どもたちだけはなんとか幸せにしてやらなくてはならない。それだけの思いで、力いっぱい海に潜った。借金はこれまでのように自分が働いて返すしかなかった。しかも長男家としては、夫の弟や妹たちの結婚費用の面倒もみてやらなくてはならない。

苦しい家計のなかで、夫の弟と妹の結婚費用のすべてを自分が出してやった。借金もなんとか返し続けている。

「いくら稼いでも残らないのよ」

それじゃあ、まるで男の犠牲になって生きているようなものではないか、今では女も戸籍をもてるではないか、私はそういった。

「別れちゃえって？　うん、そうしようかって思ったのよ。でも、子どもたちが優しいのよ。『自分たちをおいて遠くへ行かないで』っていうの。それに、『お父さんのことを恨まないでほしい』って、みんなに泣きながらいわれてね」

こんな子どもたちがいるから力が出てくるし、どんなに苦しくても我慢できている。心がどれだけ傷だらけになっても、子どもたちの顔を見ていると消えていく――。

「だけどね、再び生まれ変わるんだったら、けっして女には生まれたくないわ。絶対にいやよ、また女に生まれるなんて」

突然ムンジャは、ことばをつまらせて再び泣き出した。娘たちが自分と同じ道を歩まないとはいい切れないというのだ。いや、同じ道を歩む可能性はとても大きい。そう思うと娘たちが可哀相でならない……ふとそんな気持ちになって涙が出てしまったのだという。

ムンジャはまた「コーヒー入れようね」と立ち上がったが、立ったままこんなふうにことばを続けた。

「今では夫も落ちついてね、これまで苦労させて悪かったって、そういっているのよ」

たしかに最近の夫は、一所懸命に生きていこうとしていることがわかるという。町に行事があるときは、交通整理などのボランティアをしたりして、町のために何かをしようとしている。

「そんな夫の姿を見ていると、感謝の気持ちでいっぱいになるの」

ムンジャは、私にはとても手の届かない、どこか遠い所にいる、それで、私にはとても手にし得ない、何かを手にしている——そう思うしかなかった。ムンジャはきっと、幼いころの純情を、より強く生きられる力へと鍛え上げてきたのである。

ムンジャがコーヒーを入れてきたところで、そろそろ引き上げようかと思ったときに、フッと幼い日々に体験した磯辺のにぎにぎしい光景が思い起こされた。

「ムンジャ、ほら、あのワカメ刈のこと、覚えてる？」

「やあー、あのときね、懐かしいね」

かつての済州島では年に一度、村人総出のワカメ刈が行なわれていた。これをはずして済州島のことは語れないというほどの、村では最大の行事だった。

ムンジャとワカメ刈の思い出話に花を咲かせながら、私は当時の磯辺で体験したことの一つ一つを、懸命になって記憶の箱の中から蘇らせようとしていた。

第二章　韓国の恋愛、日本の恋愛——さまざまな愛のかたち

恋の病と冬ソナファン

冬ソナブームの真っ最中、韓国の新聞に「在韓日本大使館に送られてきた日本人冬ソナファンからの手紙」の内容の一部が紹介されていた。同大使館自らが公開したもので、書いた人の年齢は示されていないが、おそらくは中高年女性だと思われる。

その女性はわざわざ日本政府機関に手紙を出した理由を、「これまで映画やドラマを見て感動したり、悲しくて涙が止まらなかったことは何回もありましたが、こんなに辛い思いをしたのは初めて」のことで「ドラマ『冬のソナタ』が日本の名もなき一人の人間に、こんなにまで影響を与えたということを、制作陣にどんな形でも伝えて欲しい」と書いている。紹介されていたのは次の文章である（『朝鮮日報』二〇〇四年七月二十七日）。

「ある日、ニュースでも見ようかと思いテレビをつけたら、偶然一回目が放送されていました。画面に大きく映しだされたチュンサンの顔を見ると、なぜか懐かしい人に会ったような気がしました。ストーリーが展開される間、何かに引き付けられたように、いや、何かに憑《つ》かれたように一週間に一回の放送を待ち切れず、ついにＤＶＤを全巻買いました」

「ペ・ヨンジュンさんの顔の表情はどのシーンも迫真力があり、到底演技とは思えません。何日経っても胸の苦しさは消えず、このような状態が続けば自分の生活がめちゃくちゃになりそうで、ＤＶＤに収録されたＮＧシーンやインタビューなどを見ながら、『これはただのドラマなのだ』と自分に言い聞かせました。それでも、そう簡単には心の整理ができそうにありません」

「見れば見るほど心が苦しく、食事も喉を通りません。食べなければならないと思いながらも胸がいっぱいになり、ため息ばかりが漏《も》れてしまい、到底食べられない状態になってしまいます」

なぜか懐かしい人に会ったような気がした、胸の苦しさが何日も消えない、生活がめちゃくちゃになりそう、心が苦しくて食事が喉を通らない、ため息ばかりが漏れる……。これはもちろん実際の恋する人に向けられたものではないが、あの若い時代の「片思い」が高じての「恋の病《やまい》の症状」そっくりであることに驚く。

主人公チュンサンを演じたのがペ・ヨンジュンでなければ、これほどの感動が起きることはなかったに違いない。日本人には、あの憂いをおびた寂しそうな目、ぽってりとした唇とふくよかな頬が愛くるしいという女性は少なくない。いずれも、どことなく少年期のおもざしを浮かばせているといわれる、彼の独特な表情にかかわってくる部分だ。

ペ・ヨンジュンのような雰囲気をもった役者は韓国ではほかにおらず、日本にもいないといってよいだろう。その意味で、彼ほどの「当たり役」はなかったといえる。

この手紙の主のような「恋の病の症状」が、ファンの誰にも出ているわけではないけれど、そこにはヨン様ファンに共通する感動のあり方の、一つの極致が示されていると思う。

いくら会いたいと思っても現実には会うことのできない「懐かしい人」、その面影を、チュンサン役のペ・ヨンジュンは強烈に放っていたのである。もちろん、彼がかつて自分が恋した人に似ているという単純なことではない。「なぜか懐かしい人」と感じられるのである。

「なぜか」と感じられるのは、抵抗しがたく自然に身の内からそういう感情が湧き起こってくる、ということを物語っている。こうした情の寄せ方は、日本語の「いとしい」「いとおしい」ということばが一番ピッタリくると思う。

「いとしい」の元は「いとおしい」で、このことばは「(動詞『いとふ』から派生した形容詞) 苦痛や苦悩で心身を悩ますさまを表わす」という(『日本国語大辞典』小学館)。最初は「つらい、困る、いやだ」だったものが、しだいに「かわいそうだ、ふびんだ」の意味を含むようになり、室町時代から主として「かわいらしい、いじらしい、いとしい」の意で用いられるようになったものといわれる(同前)。

手紙の主の「懐かしい人」は、まさしく、そのように苦痛や苦悩で心身を悩まし、つらい気持ちを引き起こす、かわいらしくていじらしい「いとおしい人」となっている。元々の「うとましい」という感じ方から想像すると、「つらくて見ていられない」ほどの気持ちから、「見ているだけで心が苦しくなる」片思いのような気持ちへと変化していったのだろう。

なぜ懐かしく感じるのか

世の大半の男たちには、手紙で彼女がいう「懐かしさ」の感覚がピンとこないに違いないと思う。その激しいトーンから、ちょっとおかしいんじゃないかと感じる人も多いのではないか。本人にしても、「なぜか」と自らいっているように、どういうわけでそんなにも懐かしいのかはよくわからない。

いったいどういうわけで、そういう気持ちになるのか。その謎は少女時代、あるいはいまだその延長にあった時代の特異な心のあり方に隠されている。私の体験からお話ししてみたい。

韓国の高校に通っていた一年生のとき、下校中にたびたび道ですれ違う素敵な大学生がいた。遠くから見かけただけで胸が高鳴り、顔がほてった。三カ月ほど経った頃から、彼は出会うたびに「かわいいね」とか「目がきらきらとしてとても魅力的だよ」とか、私に声をかけてくるようになった。

からかっている感じではなく、とくにこちらの気を引こうといった様子でもない。韓国では妹をかわいがっている兄が、日常の挨拶がわりによくそんないい方をするものだが、ちょうどそんな調子で彼は道で出会うたびに軽く声をかけてきていた。

私は顔を上げることもできずに、いつもうつ向いたまま通り過ぎていたのだが、あるとき勇気を振り絞り、なんとか笑顔をつくって「こんにちわ」といってみた。すると彼は「笑顔がすてきだね」とことばを返してきた。それからは、出会えば彼は「よう、どうしている？　元気？」と、私は「はい、元気です」と、そんな具合にことばを交わすようになっていった。

今日は会えるだろうか、明日は会えるだろうかと、心をときめかせて過ごす毎日だった。

はじめて「憧れの年上の男性ができた」体験である。ひとりで部屋の中に閉じこもり、これが人に聞いた胸の苦しさというものなのかと、大人になったような気分で喜びを感じていた。

出会ってから半年ほど経ったある日、彼は「一緒に歩こうか」といってきた。黙ったままうなずいて彼の横を歩いた。いろいろと話をしながら、かなりな距離を歩いたところで彼が立ち止まった。大学の門の前だった。「君に見せたいものがあるから」と誘われるままに放課後の人影もまばらな校内を彼と一緒に歩いていくと、彼は音楽室の電気をつけて「ピアノを弾いてあげる」と私を中に入れた。

一曲、二曲と演奏が続く。私のために……と夢見心地で聞いていた。やがて彼は立ち上がるとこちらに近づいてきた。ところがその目つきが異様で、ハアハアと息をはずませている。彼の顔が動物のように見えて怖くなり、思わず後ずさりをしたとき、彼は覆い被さるようにしておもいきり私を抱きしめてきた。

私は力いっぱい抵抗して男から離れると、音楽室を飛び出すやそのまま走り続け、校門を一気に駆け抜けていた。

今の高校一年生からすればあまりに幼いということになるだろうが、これほどの幻滅はなかった。「星の王子さま」に裏切られたショックはとても大きなものであった。

次はもう少し成長して、憧れの人ではなく、私を愛してくれる恋人が欲しいなと思うようになってからの話。

高校三年生の晩秋、済州《チェジュ》市に嫁いでいる姉の家から就職が決まった会社の「研習生」として職場に通っていたときのことである。夕方に帰る道すがら、ずっと後をついて来る男がいる。しばらくすると私の横に来て「お茶でも飲みませんか」と声をかけてくる。私が「ダメです」といって早足に歩くと、男はそれ以上後をついてこなかった。

翌日、その男は再び現れると私と並んで歩きながら、「君に一目惚れしちゃった」という。いい方からすぐにソウルの男とわかった。

ちらっと見て、うわついたところのない自然な笑顔に好感がもてた。「少し話でもしない？」と、道の途中のパン屋のほうへ顔を向ける。当時のパン屋は中でお茶を飲めるようになっていて、喫茶店に入るのを禁止されていた高校生たちがデートの場としてよく利用していた。いくらか興味も湧いていたので、まあいいかと中に入って話をした。

彼は大学卒業を前に数名の仲間と旅行をしに来て、あと一週間滞在する予定だという。とても紳士的で誠実そうな話しぶり、済州島の男のようにぶっきらぼうではなく、甘いことばの使い方も上手だ。楽しく話がはずんで、海岸沿いの道を薄暗くなるまで一緒に歩いた。彼がギターを背負っているので聞くと、楽器の演奏や歌を歌うのが大好きで、歌手にもたくさん知り合いがいるという。有名歌手の話をいろいろとしてくれた。

彼は歩きながら「この旅は君に会いに来たような旅だね、明日も会いたい、いいだろう」という。話が楽しかったので「いいわ」といって次の日も会うと、「明日も会おう」という。それで結局のところ、毎日毎日、研習後の夕方から二人で海や山のデートコースを歩き、夕食をともにしていた。食事代は彼が全部払ってくれて、かなり高級なレストランへも行った。ギターを弾きながらたくさん歌を歌ってくれた。小説の話もしてくれた。いつも家の近くまで送ってくれた。

明日帰るという日、彼は「花咲く春三月になればまた会えるかな、今日が最後だね」という。お別れに、山の奥の方へ続く誰もいない道を歩いた。そっと肩に手をかけてくる。とろけるような甘い気持ちになり、自分が自分でなくなるような感じがした。恋とはこういうものなのかと感じたはじめての体験だった。

彼は山のふもとを望むベンチから立ち上がると、「今日は君のためにめいっぱい歌ってあげる」と、芝生にハンカチをしいて座るようにうながす。私に肩を寄せるようにして座るとギターをつま弾き、歌を歌う。晩秋にふさわしく、悲しく甘いメロディーが続いた。

やがて彼は、「ちょっと話があるので聞いてくれるかな」という。私が「何？」と聞き返すと「再会の約束としてキスをしていい？」といって顔を寄せてくる。

私は急に怖くなり、勢いよくぱっと立ち上がって彼をにらみつけ、「何のつもり！」と拒否の姿勢をあらわに示すと、彼はものすごく怒り出した。

「男のことを何にもわかっていない女じゃないか、なんだよ、俺を軽蔑するのか」というや、強引に私を押し倒そうとする。私は両手に力を込めて彼を突き飛ばすと、後ろを振り向きもせずに山道をまっしぐらに駆け降りた。彼は「待って！」と声をかけながら少し追ってきたが、途中であきらめたようだった。

これもまた、今の高校三年生からすれば、まことに「ネンネ」なゆえの幻滅体験である。

いくつになっても女には、これらの幻滅寸前までの胸の詰まるような心のあり方を、何かのきっかけでふと懐かしく思い返すときがある。実際にそんな体験があったかどうかは別にして、甘くて切ない感覚で胸をいっぱいにしたまま、いつまでも好きな人と時を過ごしていられたらと頭に描く――そんな心の体験をたいていの女はもっているはずである。

少女とは実に身勝手なもので、抱きしめられたいとかキスされたいとか思っていながら、また想像のなかでそれらの体験に官能的な感覚を覚えたりしていながら、いざ現実に直面すると即座に拒否反応を起こすのだ。どうなるかわからない怖さもあるし、結婚までは云々という親のことばも耳にある。

けれどもそれ以上に、男の性的な欲望が見えた途端に、あの輝かしいばかりに素敵に見えた男が一挙にみすぼらしくも惨めな存在へと変容してしまうのだ。もうひとつは軽く扱われたという気持ちである。男の性を盛り上げさせておいてこれなんだから、男には残酷この上ないことに違いない。

でも、少女がイメージに描く性愛は、現実の性愛とはおよそ無縁な、この上なく美的な世界の聖なる出来事なのだから仕方がない。別なことばでいってみると、動物的な動のイメージではなく植物的な静のイメージであり、大人になっても女はかなりそうだと思う。

そういうことをよくわかっていて、大事に大事に見守るように扱ってくれる男なんて現実にはいない。現実の男とは多かれ少なかれ、少女の夢を打ち砕くようにあるような存在なのである。

ところが、そうではない男、現実にはあり得ないはずの、かつて少女だった自分のためにい続けてくれていたような男、それがヨン様が演じたチュンサンであった。

恋の病にかかるのは男の方が多い韓国

身近な国の人だけれども、少々違った文化や習慣を身につけた異邦人、その心理的な距離感覚がヨン様に、日本のスターよりもいっそう非現実の存在にふさわしい位置を与えている。そのため、先の手紙の主のように、少女の幻想的な片思いが高じたかのような、恋の病の症状が起きやすくもなるのではないかと思う。

恋の病といえば、韓国人ではかなり「重い症状」にかかる人が少なくない。こちらの思いが容易に通じなかったり、恋人が冷たくなったり、失恋したりすると、客観的にはたいしたことではないと思えるのに、本当に寝込んでしまって、食事が喉を通らなくなる人は、私のまわりに何人もいた。

冬ソナでも、ユジンがチュンサンへの思いを熱くしていくなかで、婚約者のサンヒョクがすっかり寝込んでしまうシーンがあった。韓国の恋愛テレビドラマでは、必ずといってよいほど出てくる場面である。

そこまでいかなくては本当の愛とはいえない、という感じ方が韓国人にはある。日本では、女ならばかわいいが、男が恋の病で寝つくとは、なんてみっともない弱い男かということになるらしい。しかし韓国では男が寝ついても何ら恥ではない。

韓国では重い恋の病にかかるのは、男の方が多い。

私の知り合いに、振った男が重い恋の病にかかってしまい、ついには入院となって、あまりにかわいそうなのでお見舞いにいったところ、相手の思いの強さにほだされて結婚した女性がいる。冬ソナのユジンも病院までお見舞いに行ってサンヒョクを慰めていた。日本人には、自分で冷たくしておいて慰めに来るとは、なんて残酷な仕打ちかと感じた人がかなりいるようだ。

最近の韓国放映ドラマでは、慰めに来た女が、寝込む男の身体をやさしく叩きながら子守歌を歌ってあげていた。理解できないことと思うが、そこで女は愛情の質の違いを示しているのである。

「愛してはいないけれど、かわいそうな状態に追いやってしまったあなたをせいいっぱいいたわってあげたい」という、罪の意識のなせるわざである。

韓国の男が「重い症状」に陥りがちなのは、「手に入れたい」という思いの込め方が、我を忘れんばかりにすさまじいものだという、「国民性」によるものではないかと思う。

自分の若い頃のことを思い出してみても、「重い症状」に陥ったことはまったくなかった。強いていえば、中学生のときに数学の教師に片思いをした体験で、少しばかり苦しんだことがある。その人は、大学を出たばかりで新しく赴任してきた、若くてハンサムな教師だった。となれば、私に限らずまいってしまう女子生徒は多かったはずである。でもそんなことは思いもせず、私だけが宝物を発見しているといった気分でひとり胸をときめかせていた。

とても優しい先生なのだが、やはり私を子ども扱いしている。それが悩みで、私をひとりの女として扱って欲しいと、それなりに胸が苦しくて、食事もあまり食べたくならない日々が続いていた。

そんなある日、教室に入ると番長（日本のクラス委員長）が生徒たちからお金を集めて回っている。不思議に思って聞くと、なんと、その先生が結婚するのでプレゼントをするためだというのである。しばし茫然として声も出なかった。その日は授業が終わるや、誰もいない海岸に座り込んで、暗くなるまで一人で泣き続けていた。

しかし私は泣いてすっきりとあきらめがついた。というよりは、結婚＝性関係＝不潔という感じ方から、正反対の嫌悪感で心がいっぱいになったのである。それからの数学の時間は、それまでのワクワクと心が浮き立つような時間から、一変して、先生の「からだ」に対する嫌な気持ちが心のなかに充満するという、とても苦痛な時間となってしまった。

かなり韓国人的ではあるのだが、一時代前の少女たちがそんな感覚で「肉体なき愛」の世界に浸りたがっていたのは、日本でもそれほど変わりのないことだったろうと思える。

日本の純愛と韓国の純愛

片思いの体験は誰にも一度や二度はあると思うが、私はこのときの片思いほど、愛を幻想的に描くことのできた体験はなかったように思える。私の場合は相手の結婚によって崩れてしまったのだが、幼き片思いの愛は必ずどこか非現実の対象への愛となっているから、相手の存在が現実性を帯びれば簡単に壊れてしまうものだ。

心の中で作り上げた像と現実の像とが異なるのは当然のことだが、その違いをうまく自分のなかで処理できないために恋愛に失敗するのは、いつでもあることだ。付き合ってみて自分がイメージしていた人と違うな、といった感じで嫌いになってしまうような場合である。

しかしそういうことではなく、生身の人間どうしの関係として現実化されないことによってこそ保つことのできる恋愛、私が少女時代に夢中になっていたのはそうした性格の恋愛だった。私が「純愛」と感じるのはこの手の恋愛である。

私の「純愛」は、いずれも幻滅のショックが大きくて、思い出したくもない嫌な体験となったが、ひとつだけ「あの人はどうしているのかなあ」と、今でもちょっと会ってみたいと思える「純愛」体験があった。

それは高校二年生のとき、一度も会ったことのないドイツに滞在中の人との、文通による恋愛だった。これは生身の相手が目の前にいないのだから、非現実の愛を抱え続けるのにはまことに適していたのである。

私は自分の体験から、そもそも「性愛を意識の外にした異性愛」は、何らかの形で起きる現実超越的な意識の内部でしか成り立たないものだと思う。それを称して「純愛」と呼ぶべきではないかと思う。

肉体関係があろうとなかろうと、どんな打算もない一途な愛情関係を日本では「純愛」ということが多いようだが、そう自分で思えてこそ恋愛となるのであって、恋人どうしならば誰もそういう気持ちでいるものだ。結婚となればそれは別、ということになるかもしれないということである。

したがって、現実超越的な意識をもたらす条件なくして「純愛」が成り立っているように思えるとしたら、それは倫理感がもたらす錯覚でしかない。

韓国語で「純愛」は「スネ」と読み、文学などではたまに出てくるのだが、一般的にはあまりつかわれることばではない。「純粋な愛—スンスハンサラン」ということばがあるが、これはどちらかというと幼い愛を意味するからちょっと違う。

普通はとくに「純」をつけることなく単に「愛—サラン」とつかっている。韓国人の感覚では「愛」といえば当然に純粋なもの（性愛抜きという意味）以外ではないから、わざわざ「純愛」というと何かおかしな感じがするものだ。

日本では、肉体関係をともなわない精神だけの愛にプラトニックラブということばをつかうことがあるが、これも韓国ではほとんどつかわれることのないことばだ。韓国で「愛―サラン」といえばそもそも肉体関係のイメージはないから、ことさらプラトニックラブということばの必要性がないといえる。肉体関係のイメージは「愛」とではなく「結婚」と結びついている。

韓国人一般の間では、日本人のように、愛しあっていればセックスの関係があって当然だという「社会の」意識は今なお薄い。韓国社会では、セックスは恋愛にともなってはならず、結婚にともなうものでなくてはならないと考える。そこにあるのは、本当に愛し合っているならば、夫婦になるまでけっして身体の関係は求めない、それが人間として正しいことだという倫理である。

実際に、韓国の男は本心で結婚したいと思っている相手には身体を求めず、そうではない相手には身体を求めるのが普通だ。極端ないい方をすると、女が身体を許せばだいたいの男は結婚の相手とは考えなくなっていく。だから結婚を考えている女は、だいたいは相手に身を任せようとはしない。若い世代の一部にはそうではない層が増えてきてはいるのだが、圧倒的な社会的非難の的にされている。

韓国の恋愛ドラマで恋人どうしの性愛関係を容易に描くことができないのは、そうした現実があるからである。結婚前の性愛を描けば、それは不誠実で本当の愛ではないと視聴者が感じることになるからである。

大ベストセラー純愛ドキュメントの韓国版・日本版

純愛が永遠なものとなるためには、愛は消えずに相手の存在が消えなくてはならない。

その典型が恋人の死である。

冬ソナには実際の死は登場しないが、擬似的な死—再生—死を構成することで、純愛の永遠性を描いている。そのように、純愛と死が大きくかかわることで日韓に違いはないが、死のあり方がかなり異なっていると思う。冬ソナでの男の身の退き方を一種の死とすれば、実に韓国的だなと感じたものである。

一九八六年に出版され、三、四年の間ベストセラーの上位を走り続けた韓国の「純愛小説」がある。『失われたあなた』（金潤姫《キムユニ》著　一九八六年。邦題『イロボリン・ノー』）というタイトルのこの小説は、実際にあった体験について当事者本人が筆をとった、いわゆる「実録小説」である。

現実にはほとんどあり得ないと思える恋愛体験を綴ったこの小説は、奥さんたちから高校生にいたるまで、読んだ者は誰でも、溢れ出る涙でまぶたを腫らしたといわれるものである。私にしても例外ではなかったのだが。

日本にも一九六〇年代に大ベストセラーとなった、よく似た内容の「純愛」がテーマになっている本がある。当時、やはり多くの人々が涙を流しながら読んだという。互いに出し合ったラブレターを収録した『愛と死をみつめて』(大島みち子・河野実共著　大和書房・一九六三年)である。両書を読んで、純愛・死のあり方の違いや共通性についていろいろと考えさせられるところがあった。

『失われたあなた』のあらすじ。ユニの恋人チュンシクがアメリカに留学することになり、ふたりは婚約式をあげて将来を約束する。ふたりは毎日のように手紙を出し合って愛を交換していたが、三カ月ほどして彼が交通事故で亡くなったという知らせが飛び込む。ユニはそのショックで半分死んだような状態で毎日を過ごす。冬ソナのはじめのほうの話とそっくりなところも興味深い。

それから一年が過ぎたある日、チュンシクの友だちから話をしたいと電話がかかる。会ってみると、彼は「実はチュンシクは生きている」という。動転した気持ちのままにチュンシクに会いにいくと、彼の顔半分は見るも無惨に焼けただれ、真っ黒に変質していて耳がちぎれている。なんとか話をすることはできるし思考にも問題はないが、全身はほとんど麻痺《まひ》状態で右の腕と顔が少々動くだけだ。

ユニは一瞬身体が震えるほどの恐怖を感じるが、すぐに彼への熱情が呼び覚まされ、彼をおもいきり抱きしめてありったけの涙を流して泣いた。

そこから、親をはじめ世間の誰にも話すことのできない（社会に障害者への偏見が強いため）ふたりの愛情関係が十数年間続くのだが、その間、彼女には次から次へと不幸な事態が起きてゆく。彼女はそうしたさまざまな障害と闘いながら、彼の生活の世話に力をつくし続ける。それらの日々は彼女にとって苦しくとも幸せであり、また、なくてはならない生きがいともなっていった。

ある日、突然チュンシクの容体が悪くなり救急車で病院に運ばれる。医者はあと三カ月か五カ月ほどしか生きられないという。それでもユニは彼を、希望を失わずにがんばろうと励ます。入院して二カ月がたった日、チュンシクは看病のためつきそっているユニに、疲れているだろうから今日は家へ帰ってぐっすり休み、翌日の午後に病院へ来てくれればよいという。

そのとき彼は、「僕が一八年間つけてきた日記をあなたにあげる、その理由は明日わかる」といった。わけがわからないものの、ともかく彼のいうままに家へ帰ったユニが翌日病院へ行ってみると、チュンシクはもはや帰らぬ人となっていた。覚悟の自殺であった。

ユニは本のなかで、「日々積み重なってゆく入院費や看護に疲れた私のことを思い、一日も早く死を選ぶことが私への愛情だと彼は思ったにちがいない」と書いている。そして、一八年間愛し続けた真心を裏切られた気持ちにもなり、すべてを失ってしまったと嘆く。後書きでは、「彼と死に別れて三年ほど経ったいまでも、彼がいつか復活して目の前に現われるのではないかと思う」と書いている。彼女はすっかり生きる気力を失い、闘病生活を送っているとその当時に書いている。

チュンシクも冬ソナのチュンサンも、「自分には恋人を幸せにする資格がない」と考え、自分の存在を恋人の前から消し去ったことで共通している。

『愛と死をみつめて』は、入院中に知り合った一九歳のマコ（実）と一八歳のミコ（みち子）との間に交わされた愛の往復書簡集である。マコは退院したものの、ミコの病状はますます悪くなり、ついに顔面の半分を切り取る手術をしなくてはならなくなる。ミコは悩みマコに相談する。マコは、ミコが健康になれるなら顔なんか問題じゃないといって彼女を励ます。ミコはマコの愛を信じて手術に応じる。半分を切り取られた顔になっても、ミコはマコに会うことを恐れはしなかった。それはマコにしても同じだった。ミコの病気が治ることなく、長く生きられないことはふたりともわかっていた。それでもミコは一日でも長く生き延びることがマコのためだと信じて、生きることにせいいっぱいの力を注ぎ続ける。ミコの父親はマコの将来のことを考えて、マコにミコのことを忘れるようにすすめるが、それが無駄とわかってふたりの愛のよき理解者となる。

ミコは間もなく死ぬことがわかっていた。でも、近づいているマコの誕生日までなんとか生きて彼にプレゼントをしたいと思い、必死に生きようとした。しかしその前日、彼女はついに力つきて息を引き取ってしまったのだった。

本が出て話題となったのは『愛と死をみつめて』が六〇年代はじめから後半にかけて、『失われたあなた』が八〇年代後半から九〇年代はじめにかけてである。出版された時期には二十数年の開きがあるが、ミコは一九四二年生まれでマコはそのひとつ年上、ユニは一九四七年生まれでチュンシクはその五、六歳年上だから、ほぼ同世代である。冬ソナの中心的ファン層の年齢でもある。

社会背景の違いはあるにせよ、また男女の関係が反対になっているにせよ、一方の肉体性が、しかもその個性の主人公ともいうべき顔が損なわれた状況下での、迫りくる死を予感しながらの恋愛という点では、同一の「純愛」の系列に属する本だといってよいだろう。

共通するところも多いのだが、死をめぐっての心のあり方がはっきりと違うところがいくつもある。なかでも決定的なことは、生き残る相手に対する自分の身の処し方である。

ミコにとっては自然死こそがマコへの愛情の表現であった。マコはそれで救われ、来るべきものが来たとして素直に彼女の死を迎えることができた。

一方のチュンシクにとっては、自らの手で死を選び一日でもユニの負担を軽くしてあげることが愛情の表現だった。しかしその死は、生き残ったユニへさらなる苦しみを与えることになってしまった。ユニは最後の最後までチュンシクに尽くしたかったのであり、それが彼女の最大の生きがいだったのだから。

冬ソナのユジンの心の内は描かれていないが、本当は生涯を通じて彼につくしたかったはずである。しかし、「この世」では成就しない純愛を描くために、作者は彼女に彼の後を追わせなかったのだろう。

『失われたあなた』も冬ソナも、「愛する人のための男の自己犠牲」によって、純愛の永遠性がもたらされている。

韓国の恋愛物語の古典『春香伝』

右の日韓の「純愛ドキュメント」でもそうだが、およそ日本の男女関係は自然な流れに乗っていこうとするが、韓国の男女関係は自然な流れを横切ろうとするもののようだ。この感じは、恋愛をテーマとした日韓の代表的な古典文学からも同様に伝わってくるものでもある。

日本では『源氏物語』、韓国では『春香伝』である。

『源氏物語』は一一世紀の平安時代、『春香伝』は李朝後期一七～一八世紀ごろに成立した小説で、その間七百年ほどの時代差はあるものの、いずれも日韓に特徴的な恋愛をめぐる男女の姿をすぐれて語っているような気がする。

李朝時代の社会は身分階級の制度が厳しく、支配層の両班《ヤンバン》と庶民との間の結婚はきわめて困難であった。そんな時代に書かれた両班の息子と賤民《せんみん》であるキーセンの娘との恋物語が『春香伝』である。以下、物語の筋書きを簡単に紹介してみたい。

時は一七世紀のころ、所は全羅道《チョルラド》の南原《ナムウォン》。新しく赴任した使道（守令・地方の知事）の息子イ・モンニョン（李夢竜）はこの地方の景色がすばらしいと聞き、さわやかな五月の風が匂う時節に、詩文の取材にもなろうかと出かけて行った。モンニョンは南原随一の観望所といわれる城に登って四方を眺め、その絶景に感嘆していた。その時、遠い所に何やらひらひらと舞う美しいものが目に入った。

その日はちょうど端午《たんご》の日だった。端午の日に村の女たちはいっせいに着飾って外に出る。そして、ブランコ（鞦韆《しゅうせん》）に乗って遊ぶのが恒例の行事だった。モンニョンが見たのは、ゆっくりと大きく弧を描きながら揺れるブランコに乗ったひとりの美しい娘であった。供の者によれば、娘の名はチュンヒャン（春香）でキーセンの子だったが、母親は娘をキーセンにすることは望まず、ひと一倍の教養を身につけさせていた。チュンヒャンは美しいばかりでなく、詩文をよくし、礼節をよくわきまえた孝行な娘だと、このあたりではきわめて評判の高い女性だという。

それを聞いてモンニョンはチュンヒャンに強く興味をもって呼び寄せ、二人は出会った。身分の差からモンニョンとの対面にチュンヒャンはかしこまってはいたものの、互いの一目惚れから二人の仲は進み、すぐに一生を誓い合うまでに発展する。身分の違いからモンニョンの家では大反対だったが、二人の愛はよりいっそう深いものとなっていった。

二人が出会ってから一年ほど経ったある日、モンニョンの父親がソウル官庁に栄進することになり、父親に従って家族一同上京しなければならなくなってしまう。モンニョンとチュンヒャンにとっては、まさに青天の霹靂《へきれき》である。

「今はどうしても連れて行けない、近いうちにきっと呼び寄せるから」というモンニョンを、チュンヒャンとその母親は泣き叫びながら、「賤民だからといって軽く捨てることができるのですか」となじるのだが、どうすることもできない。

モンニョンは涙をふりしぼり「必ず迎えにくる」といい残して、ソウルへ発っていった。しかし、上京したモンニョンからは、科挙（高官登用試験）の受験勉強に余念がないためか、まったく便りがこない。それでもチュンヒャンは、生涯を誓った夫としてモンニョンからの迎えを待ち続けることを決心する。

南原には新しい使道が赴任してきた。その男は元来女好きで名高く、チュンヒャンという評判の女性がいるという噂を耳にするや、自らの新任披露の宴の席に嫌がるチュンヒャンを強引に呼び寄せ、自分の妾になるよう強く迫った。しかしチュンヒャンは「貞女は二夫に仕えない」というではないかと強く断る。使道は「官長の命令に逆らう罪は厳刑に値する、嫌だといえば流刑に処す」と脅し、命令として自分の女になることを強要する。が、チュンヒャンは死んでもそれには応じないと固く拒否する。

　いかに口説いても頑なに拒否し続けるチュンヒャンに、使道はついに激しい怒りを爆発させ、チュンヒャンを厳刑に処すと宣言して縄をかけ投獄してしまう。そして、間もなくやってくる自分の誕生日に豪華な宴会を催し、その日の余興にチュンヒャンを死刑にすることを決定した。

　そのころモンニョンは、科挙に合格して暗行御史《アメンオサ》（地方の官憲たちの治績と民生を見回るために王命で秘密に派遣された特使）となっていたが、偶然にも全羅道暗行御史に命が下り、南原に向かったのである。

　そこでチュンヒャンが死刑囚となっていることを知ったモンニョンは、使道の行政を調査して数々の悪徳行為の証拠を固め、一隊を率いて使道の捕縛へと向かった。そして、いままさに死刑になろうとしているチュンヒャンを助けるのである。こうして晴れて結婚することのできた二人がソウルへ旅立つところで物語の幕が下ろされる。

命を懸けて権力の横暴に抗し貞節を守り通したチュンヒャン……。今日でもチュンヒャンは烈女（徹底して貞節を守り通す女）の代名詞である。

モンニョンとチュンヒャンの愛は、両班と賤民という身分制度の壁に大きく妨害されている。個人を超えたさまざまな制度や権力から妨害を受けるという恋愛の形は、日本ではとっくに物語としてのテーマ性を失っており、韓国でも最近ではほとんど成り立たなくなっている。現代小説で制度や権力の妨害が描かれる場合は、男女の愛が制度や権力に打ち勝つところでテーマとなり得ていることはいうまでもない。

しかしながら、この物語はけっして権力に打ち勝った愛の物語ではない。またチュンヒャンは、権力に抵抗して自らの愛を守り通した人物と単純に評価すべきものでもない。この物語では、モンニョンが「善意の権力者」になることによって「悪意の権力者」を打ち破り、その結果、二人の愛を貫き通すことができたのである。権力そのものに抗したわけではない。

李朝期の社会は「良い権力者」か「悪い権力者」かによって民衆の運命が決定された。

また女とは、たとえ口約束でも結婚の約束をしたら、その時から何があろうとも一生その男の妻として生きるべき存在であった。たとえ相手の男が結婚前に亡くなろうとも女は生涯を独り身で通さなくてはならず、相手の男がほかの女と結婚したとしても、女はその男と別れて他の男と結婚するべきではない——そういう時代の倫理があったからこそ、チュンヒャンはあくまで悪意の権力に抵抗し死を賭してまで貞節を守り通す女として描かれなくてはならなかった。

韓国の代表的な古典『春香伝』の主張は、女が貞節を貫く倫理は死よりも重く、その倫理を犯すことはいかに身分の高い者であっても許されず、必ずや善意の権力によって滅ぼされることになる（天罰を受ける）、という「教え」なのである。

恋人たちは川の流れを、強固な意志のもとに泳ぎ渡っている。さまざまな障害を超えて行く愛、というのが韓国の恋愛物語の基本的なモチーフである。そのため、すでに権力や制度が障害としてのリアリティを失った後の韓流ドラマでは、執拗に二人の間に邪魔を入れることになるのである。二人の関係のあり方やその内容よりも、邪魔のほうによりスポットがあてられている。

『源氏物語』の愛の世界

『源氏物語』の描く世界が韓国の古典の描く世界とまったく異なっている理由は、なんといっても書かれた時代が古代であることだ。小説としては一七、八世紀の古典が最古のものである韓国では、古代の男女の愛がどのように交わされていたかを知ることができない。

『源氏物語』に対する私の興味は、韓国の古典からはかいま見ることのできない古代人の愛の形にある。

『源氏物語』の世界は、一般人の生活から隔絶した王朝貴族間で行なわれる一夫多妻制の世界である。そして男女が別居する母系的な招婿婚《しょうせいこん》（妻問い婚）の慣習が、表の父系的・男権的な制度とは別個に行なわれている世界である。こうした時代背景がわからなければ、『源氏物語』の多重に錯綜《さくそう》する恋愛関係や姦通容認的な男女の愛の世界は、あまりに不道徳な淫乱世界と感じるしかない。

古代母系制の下では通常、男が求め女が許せばその場で性交・結婚が行なわれた。そして、原則として父母はそれを事後承認すべきだった。そのため、両親は結婚の相手に相応《ふさわ》しい異性や家柄について息子や娘たちに多くのことを教え、相応しくない結婚が起こらないように最善の注意をはらった。とすれば、それはほとんど現代の自由な男女関係とも、見えてしまう。

田辺聖子氏は『新源氏物語・上中下』（新潮文庫・一九八四年）の中で、次から次へと新たな女性の獲得に動き回る光源氏の行為を、しばしば「冒険」ということばで表現している。

確かに光源氏は、人妻、妃、敵対的な権力者の娘など、あえて危険な関係への挑戦に燃えたつ性格のようである。露顕すれば地位を失い、この世界から抹殺されることは明らかである。光源氏は実際、自分の兄である天皇がとくに愛する女御であり、かつ政敵の娘でもある朧月夜の君と通じ、官位を失い長らく地方に蟄居《ちっきょ》しなくてはならなかった。これは「冒険」には違いないが、そこにはさらに、なにか抵抗しがたいものに突き動かされてのタブー侵犯の意識を感じないではいられない。なぜ「たかが女」にこれほどの危険を冒さなくてはならないのか。また女のほうも、なぜ「たかが男」に身の破滅を覚悟の上で通じ合おうとするのか。そして、なぜ、主体性のなさを感じさせずにはおかないズルズルとした関係を持続させてゆくのか。そのへんが私には、今なお感覚的に理解できない。

身分の違いということで、あえて『春香伝』と似たようなケースを考えてみると、空蟬《うつせみ》を取り上げてみてもよいかもしれない。色好みの貴公子たちの間で「単に上流の女がよいというのはセンスのないことで、下流となるとちょっと殺伐《さつばつ》としてくるが、中流のなかには意外に教養や品格の高い魅力的な女がいるものだ」といった「品定め」が行なわれ、それにピッタリ相応する女として空蟬が登場する。

空蟬は人妻だったが『源氏物語』の世界では、人妻であることは恋愛にとってそれほど大きな障害とはなっていない。この世界では、夫がありながら他の男と浮名を流す女たち、あるいは愛情の交歓を楽しむ女たちは、かなりな範囲で容認されることが多かった。そうした条件のもとでは、空蟬にとって、天皇の息子でもある貴公子と愛情の交歓ができることは身に余る光栄であり、もし発覚したにせよ、身分の低い夫は文句をいえる立場にはなく、泣き寝入りするしかない。また空蟬自身、光源氏に大きく心を動かされている。ところが、空蟬は光源氏をなんとしても拒否するのである。

空蟬は朝鮮半島の女たちのように、貞節を守り通す倫理からだけ拒否するのではない。空蟬は貴公子たちの「品定め」の意味をよく知っているのだろう。

つまり、身分の低い女たちに物珍しさを感ずるという、身分の高い色好みの貴公子たちの趣味がそうさせているのであって、どこまでも真剣な愛として続くものではない。いつでも浮気として片づけることができるだろう。

しかし、身分の低い自分としては真剣な愛を求め続けるほかない。そんな苦しみを味わうことが目に見えているとするならば、いかに光源氏に心ひかれようとも拒絶し続けることが賢明なことだ——。空蟬はそう考えたに違いない。

これほど光源氏を拒否した女はほかにいなかった。藤壺も光源氏との愛情関係に入ることを拒否し続けたが、藤壺は中宮であり光源氏の実父である天皇の妻であるという点で空蟬とはまったくケースが違っている。いずれにしても、貴公子たちよりもいっそう身分の低い女に光源氏が強く拒否されたことに興味をひかれる。

『春香伝』でも、チュンヒャンは最初、貴公子モンニョンに身分の違いを述べて拒否の態度を示している。そこには空蟬同様、高位の者の愛の告白への疑念があったかもしれないが、それよりも、身分が低いからなおさらのこと、男の誘いに簡単に乗るふしだらな女ではないことを示すのが第一の目的だった。そこでモンニョンはさらに自分の信義を示し、チュンヒャンはそこまで身分の高い男がいうのならば拒否することはならないと、その時点から男に自分のすべてを委ねるのである。

『源氏物語』では多くの場合、いきなり寝室に忍んで来た男に女が身を任せてしまい、そこから恋愛が始まる。『春香伝』の世界ではあり得ないことだが、仮にそうなったとしたら、李朝期の倫理観では、女はそこでもはやその男のものになるしかなかった。

空蟬は忍んで来た光源氏に強引にせよ抱かれてしまった。それにもかかわらず、そのことでもはや光源氏の女になってしまったという気持ちにはなっていない。光源氏にしても自分のものになったとは思っていない。そこに、時代と地域を隔てた倫理の違いがあるのだが、その違いは現代の日韓の恋愛観の違いにも大きくかかわってくるように思う。

「流れのままに」と「流れを泳ぎ渡る」

現代韓国の男女関係の主題は、明らかに『春香伝』の伝統をひいている。それはいうまでもなく、「男の信義」と「女の貞節」である。

では、現代日本の男女関係の主題はどうなのだろうか。もしそれが、危険なエロスの関係にあえて挑戦する不倫の問題だとすれば、『源氏物語』の伝統をひいているといってもおかしくはない。しかし、現代日本の男女関係の主題がそこにあるとはいえない。『源氏物語』はそれとは別の意味で、現代日本の男女関係の主題につながっているように思われる。

『春香伝』など朝鮮半島の古典は、貞節な女と信義に厚い男があくまでその高い倫理を一貫させることによって、妨害を受けていた恋が正式の結婚として成就する、といった形で描かれる。『源氏物語』では、女の貞節と男の信義の一貫しがたさの中で、さまざまな矛盾を抱え込み悩み悲しむことになる人生のあわれな模様が描かれる。

『源氏物語』から聞こえてくるのは、「なよなよとした弱さ」に終始する人間の姿への肯定的なトーンである。いわゆる「あえかな美しさ」の美学というものなのだろう。

制度をはみ出して流れる自然的な人間の欲望を、『源氏物語』の登場人物たちは一様に、どうすることもできないものとして受け取っている。そして愛情は、ほのぼのとした春から燃え立つ夏へ、そして秋枯れのわびしさを経て冬へと至り、この世から遠く離れた彼方へと流れ去る、というように、あたかも自然な季節そのままのように流れる。

『春香伝』など韓国の古典物語では、自然の流れに対して人間社会の倫理をもって立ち向かう。なんとしても自然の流れを横切って向こう岸へたどり着こうとする。その点が決定的に違っている。

現代日本人にあっても、「自然の流れには逆らうことができない」という考え方は根強い。出会いにしても別れにしても、どこかで「自然な流れ」が意識されている。失恋して恋人を思い切る場合でも、「仕方がないこと」と自分にいい聞かせようとする。一般的にも、「できてしまったことは仕方がない」とか「やってしまったことは仕方がない」といって過ちを犯した者を慰めようとする人は多い。

何事も「運命であればしようがない」と自然の流れを容認しようとする傾向が日本人には強いといってよいだろう。

韓国では一般的に、およそ女というものは、どんな男と出会えるかで運命が変わると考える。また、韓国人にとって運命は人の力で変えられるものであり、うまくいかないことを運命だからと片づけてしまうことは、とてもみっともないことである。

とくに韓国の男たちは「なせば成る」という格言をことのほか大切にしている。天災などを除けば、世の中のことはほとんど人間が「なせば成る」ものなのである。だから、好きな相手に対しては粘り強く口説く。人を好きになったり嫌いになったりすることは、人の力でいくらでも調整できるという思いが韓国人にはある。多くの日本人にとっては、それは自然のままに成るしかないことのようなのだが。

結婚している日本人に「あなたはなぜ彼（彼女）と結婚したのか」と訊いてみると、多くの人が「たまたまそうなった」というような答え方をする。照れ隠しにそんないい方をしているのもたしかだと思えるが、そう主張したい意識がどこかにあることもたしかなようだ。とすると、自分の主体性はどこにあるのか。自分の生涯のパートナーになる相手を「何となく」という意識で決められるわけがないではないか。なんと不思議な人たちなのだろうという思いを、いまだに拭えないでいる。

『源氏物語』の登場人物たちからは、どこか人生の機微《きび》を知り尽くしその奥深さに触れた老人の感懐を呼び込もうとする意志が感じられる。そうした秋から冬へと流れる季節の訪れを迎えることによって、現世のさまざまな矛盾も解消してゆく。一方、『春香伝』では、現実に負けることなくあくまで理想とされる倫理を貫き通そうとする青春期の人間に特有の純粋さと正義への強い意志が特徴的だ。

その意味では『春香伝』は、春の訪れとともにはじまり春の盛りに完結することを必須の要件とする物語である。熱き情念に燃える青年期の純粋な愛が、紆余曲折を経ながらも一貫することによって結婚に至り幕を閉じるのである。

したがって、それ以後に必ずや訪れることになるだろう、二人の労苦に満ちた人生――父権的な一夫多妻制のもとでの身分低き妻と、そういう女を娶《めと》った男の人生が織りなすドラマは描かれることはない。『源氏物語』がいきなり、「それほど身分の高くはない桐壺の更衣」の悩みから物語がはじまるのとは対照的である。

『春香伝』は自然の流れを横切ろうとする若き現在から未来を照らそうとするが、『源氏物語』では、結局は自然の流れに逆らって生きることはできないと知った老成した未来から現在が照らされているように感じられる。

たしかに韓国人の人生観・恋愛観は『春香伝』的であり、日本人のそれはやはり『源氏物語』的であるようである。

「男の押し込む力」に弱すぎる韓国の女

私は済州島の出身だが、一般に済州島の女は「強い」といわれる。古くは漁労民であり海女の島でもあったためか、本土の女たちよりも自立心が強いことはたしかなように思える。

漁労と畑作中心の時代には、やや極端にいえば、済州島の男たちは、たまに魚を採ったらあとはブラブラしているだけで、畑仕事も土起こしなどのとくに力のいる仕事以外はほとんど手を出すことなく女にやらせたし、村の作業の多くも女たちがやった。また女たちは、自ら採ったサザエやワカメを売ったりして得たお金を蓄え、部分的に男たちと別の経済をもってもいたらしい。かつての日本の農村や漁村の女たちもそうだったといわれる。

私は幼い頃から、テレビや雑誌などで知る陸地（半島のこと）の女たち、つまり男に従順で「弱い」女たちに憧れていた。私にとって彼女たちはとても品がよく思われ、済州島の女たちの自立心の強さを野卑な田舎者ゆえのものと軽蔑していた。実際、そうした思いをもったのは私に限ったことではなく、多くの済州島の若い女たちのものでもあった。早い話が、済州島の女たちの多くが、お嬢さま育ちのソウルっ子に憧れていたのである。

高校の時から陸地の生活にふれることの多かった私は、さらにいっそう、陸地の「弱い」女たちの影響下に入っていった。そういうわけで、当時の私は「強い女」といわれるのが嫌で、「弱い女」といわれることを好むようになっていた。

そういう私が、日本に来てさらに変身をとげることになった。それをひとくちでいうのは難しいのだが、ひとつには、韓国一般の女たちの、男に対する従順さや弱さとはさよならをして、済州島の女たちの自立心の「強さ」を見直すことになったこと。そして、もうひとつには、謙虚でソフトでおしとやかという、日本の女たちの「ふり」に素朴な味わいを感じるようになったことである。そうした「ふり」の中では、自分の気持ちがおのずと落ちつきをもってくるように感じられた。そして、我ながらけっこううまく身についているじゃないかと勝手に思ったりしている。

さて、韓国の「弱い女」は韓国の「強い男」との対比において存在している。「強い男」の能動的な行動に対して徹底した受け身であること、韓国の女たちの多くは、そのように自らが受け身としての「弱い女」であることを望んでいる。

次の文章は、数年前の韓国の女性誌に載った、「女はどうして『押し込む力』に弱いのだろうか」という記事の引用である。そこに、結婚前の韓国の「弱い女」と「強い男」の典型的な関係のパターンを見ることができる。

高い学歴、高い収入、高い背といった三高［筆者注＝日本から導入したいい方］を結婚の条件だといった話が飛び交っている今日、「でもやはり、女は男の押し込む力には弱い」という事実はいくらでも証明できる。

ある若い男性の会社員が最も美人といわれる女性社員を好きになった。男のほうは学歴もよくなく、外見もとりたてたところがなく、ひとつも女の目をひくような魅力がない。そうした男が美人をものにすることはほとんど不可能かもしれない。しかし、彼は毎晩のように彼女の家に電話をかけては愛の告白を続けた。彼女は同じ会社の者だということもあって、冷たく電話を切ることもできなくて大変困っていた。彼は、彼女が嫌がっていることは十分にわかっていたが、女の心理をよく心得ていた。そこで彼は、嫌がられるのを承知で、電話をかけ続けることを止めようとはしなかった。

ところがある日から、彼の電話が突然こなくなったのである。明日はくるに違いないと思ってはいたが、それ以来まったくかかってこなくなった。すると彼女は、急に恋人を失ったような気持ちになって、いらいらとするようになり、彼からの電話が待ち遠しくて仕方なくなってしまった。

それからしばらくたったある日、彼女はついに自分のほうから電話をかけたのだった。こうして二人の恋が始まったわけだが、やがて女のほうがいっそう意欲的となり、結局半年後には結婚に至り、ついに男の卑屈さが勝利したのである。

こうした話は韓国ではとくに珍しいものでも何でもない。この記事のライターは、このように「卑屈なまでの男の押し込み」に受け身一方の女が崩れ、そこからようやく女が男を愛するようになるという韓国特有のパターンが、依然としてあるということをいいたいために、この事例をあげているのだ。

このライターは記事の中で次のように分析している。

これは心理学では「単純接触」という。毎日のように相手に近づくとか電話をかけたりすることを繰り返せば、だんだんと相手に好感をもたれるようになる。続けて短い接触を繰り返しているうちに、感情が極端化されるからである。まったく嫌な相手でない限り、「根気よく押し込む手」は通用する、ということである。

確かにそういう面はあるが、もっと大切なことは、女から断られ続けながら、自らを卑屈にしてまでもなお自分に思いを寄せ続けてくれる男の存在を前に、すでに述べたように「そんなにまでして自分のことを愛してくれているのか」という思いが女の中に生まれ、そうした男の姿勢にほだされて、ようやく自分のほうから相手を愛することができるようになる——。「勇気ある男が美女を手に入れる」といういい方は、今でも一般的につかわれているのだ。

韓国の女にはそういう「男の押し込みによってこそ開かれる」性向というか無意

識の倫理のようなものがあり、韓国の男たちはそのことをよく知っていて執拗に迫ってくる、ということなのである。

また、その場合、韓国の男たちのことばや態度は実に巧みなのである。先の例ならば、彼はきっと彼女に対して、「今日のあなたの服装はとてもセンスがよかったよ」とか「あなたの今日の仕事の処理は素敵だったな」とか「今日のあなたに対する上司の態度は僕も不満だったね」とか、彼女が具体的に関心のあることばを連発して、彼女の心を巧みに引っ張っていたことは想像にかたくない。

つまり、他の誰もが指摘してくれなかった自分の魅力を指摘してくれると、そう思わせるのが口説きの鉄則なのだ。

韓国は強固な父権制社会の伝統をひいているため、男たちは愛妾《あいしょう》を抱えるなど、どれだけ多くの女を口説いて自分のものにするかを誇りとしていた。その反面女には貞淑さが要求されたから、男のほうにだけ一方的に恋愛技術が発達し、女のほうにはまったく恋愛をめぐる文化がなかったといってよい。

私は自分の体験からもいうのだが、こうした韓国の男の「押し込み」は、誰にも彼にも見られるもので、ほとんど無意識の演技、あるいは伝統習俗なのである。つまり、そうした女の口説き方がいわば文化の「かたち」として定式のようにまでなっているのだ。すでに述べてきたように、この「押し込み」をそのまま男の誠意と受け取ってしまうと、結婚してからとんでもないことになってしまう。

日本にあった「女の恋愛技術」の伝統

韓国で既婚女性に「なぜあなたは彼を好きになったのか」と聞いた場合、相手の個性についてのことばが返ってくることはきわめて稀なことだと思える。

私が聞いた限りでも、多くの場合は「彼の力強い愛の心にひかれて」とか、せいぜい「勇気のある人」とか「信頼できる人」とかの抽象的なことばか、あるいは「私の誕生日に花束を送ってくれて」といったもので、個性に直接触れるようなことばが返ってくることはほとんどなかったといってよい。

韓国の女は結婚の対象としての男には、まず個性から入ることはしない。

第一に考えるのは相手の男の環境である。社会的な地位、家柄、さらにはお金など、その男を取り巻く環境から入っていくのが普通だ。その次が、どれだけ自分を愛してくれているかということ。その次に個性を思うのである。

なぜそうなのか。それは結婚が家と家との結婚であったという伝統から、女にとっても男にとっても、個人的な個性を互いに見抜き、その接点をめぐって恋愛を展開するといった歴史がおよそ無きに等しかったからではないかと思う。こういうと、それは日本でも同じことだといわれそうな気がするが、私は必ずしも日本ではそうでなかったのではないかと思っている。

その証拠というわけではないのだが、柳田國男の『明治大正史・世相篇』(朝日新聞社・一九三一年)の中に「恋愛技術の消長」という小文がある。それによると、近代以前の日本における結婚は、だいたいは同じ土地に生まれた男女が自由に結婚の約束を交わしたものだった。

しかし、時代が下るとともに結婚の対象としての家を選ぶ範囲が広くなり、家柄や家筋の詮議に面倒な事務を要するようになって、結婚相手を選ぶ役割が親や他の親戚などに移っていった。

こうなると仮に女に相応なる思慮分別が養われて居ても、もはや判断は何人かに委ねなければならぬ。問われ人の知能技術などは、用いる所が殆ど無くなった。その上に早婚を安全と考えるような傾向も加わり、又いいなずけなどということも必要になって、女性の感覚の十分に成熟するまで、待って居ることも出来ない場合が多く、しばしば固めの酒を親兄が代って飲むようなことがあった。

(「恋愛技術の消長」)

こうして、「問われ人の知能技術」が時代とともに不要なものとなっていったが、明治という時代の文化史は、そのように一方的に問われるだけの存在と化してしまった女性の「ようやく眼ざめんとした疑惑の声に夜明けて居る」と述べられている。

この「問われ人の知能技術」とはどのようなものだったのだろうか。現代ふうにいえば、いい寄ってくる男たちに対して、断るにせよ受け容れるにせよ、豊かなセンスをもっての巧みな受け応えの技術が女性にあった、ということである。

それは、男たちに問いかけさせずにはおかない立ち居振る舞いを女性は一種の技術として身につけていた、さらには、最初の接触から結婚の約束に至るまでの「恋愛のかたち」のさまざまな段階を、それぞれに相応しい態度・姿勢をもって一歩一歩上り詰めてゆく知恵と技術が女性にはあった——どうもそういうことのようである。

日本の男性の多くは、気にいった女性がいたとして、積極的に接近していこうとするよりも、まずは相手に気に入られるようにと努力をするもののように思える。そして女性の場合は、積極的に男性を誘うことは少ないのだが、「ちょっと相談があるんですが」とか「教えてもらいたいことがあるんです」とか、間接的に接触の場を自ら設定するケースが多いように思う。

私はどうもそこに「問われ人の知能技術」の伝統を思ってしまうのである。考えすぎかもしれないが、いずれにしても、日本の女性には、東洋の女性としては珍しく、恋愛関係の中で自ら男性の個性を見抜く目が伝統的な文化風土の中で自然に養われてきているように思われてならない。

韓国の「男の心を引き寄せる愛の呪術」

一方、誘う者＝男、誘われる者＝女という区別が倫理的な道理にまでなって根づいている韓国では、多くの場合、好きな男性ができても、女はまず自分のほうから好きだとはいえない。また、自分のほうから積極的に接点をつくっていくこともできない。

ではどうしたらいいのか。

第一には、ともかくも男から誘われる魅力をなんとか自らのものにしようと、ことさらに美の装いに力を入れることである。現代の韓国に整形美容がすさまじい流行をみせているのも、韓国で不況知らずのエステティック・サロンの隆盛ぶりも、おそらくは日本や欧米よりもずっと切実な女の意志が加担しているはずである。

そしてもうひとつの方法は、古くから女たちの間で行なわれてきた、「男の心を引き寄せる愛の呪術《じゅじゅつ》」である。以前に書いたことがあるのだが、再び紹介してみたい。

最もポピュラーなものは、ムーダン（巫女）に頼んでお守りを作ってもらう方法である。それらのお守りには、呪文のような文字が書かれてあったり、絵やマークが描かれてあったりする。絵の場合には龍や蛇がよく用いられる。

昔から、妊婦が夢に龍を見ると男の子が生まれ後に立派な人物となるとされており、また蛇は堂々たる男子の象徴とされている。男の子を得ることが家の望みであり、男の子を産むことのできる力が女の最高の価値とされてきたから、男の心を引くためには龍や蛇の絵が描かれるのだろう。

こうしたお守りは、日本の神社やお寺などで売られているように、数百円から数千円といった安いものではない。日本に来ている韓国人ホステスを相手に日本へやって来るムーダンは多いが、彼女たちが売るお守りは、安いもので五万円から、上は二〇万円、三〇万円、五〇万円のものまである。私が日本語を教えていたことのある韓国人ホステスたちからは、二〇万円のもので効かなかったから五〇万円のものを買ったといった話をよく聞かされたものだ。

とくにムーダンなどにたのまずに、自分ひとりでやるお呪《まじな》いもある。

たとえば、好きな相手の名前を韓紙に書いて天井に貼っておき、それを毎晩寝る前にじっと眺めるのである。そうすれば、相手の男性に好感をもたれるようになるといわれている。また、夜中の一二時にトイレの中で鏡をじっと眺めると、そこに自分の結婚相手の人物の顔が現れるともいわれる。ずっと若い頃に私も大真面目にやってみたことがあるが、途中で怖くなってやめてしまった。

日本でも若い女の子たちの間ではお呪いがけっこう流行《はや》っているらしい。消しゴムに相手の名前を書いておき、その消しゴムを使いきると相手との恋が実るとか。その場合、他人が一度でも使ってしまうと効果がなくなるらしい。そのほか、コックリさんとかいろいろあるようだが、いずれも少女の無邪気な遊びかその延長に過ぎない。韓国で大のおとなの女たちが、大枚をはたいてまでも真剣にやっているのとは、おのずとわけが違う。

韓国では恋の病、つまり強い片思いのことを「相思病」というが、この場合には相手の男性の家の土をこっそり採ってきて食べると、相手の気持ちがこちらに向くといわれる。

高校生などがよくやるのだが、私の記憶でも、誰かが「相思病」にかかったとなると、友だちが代わりに相手の男性の邸内に忍び込んで土を採り、水と一緒に飲ませるようなことがしばしばあった。私もその手の企てに加わったことがあるが、だらしのないことに邸内にまで立ち入る勇気もなく、入口の前の土を採ってきて友だちに飲ませたことがあった。

また、私が子どもの頃に見た大人の女たちがやる呪術では、藁で恋敵の女性の人形を作り、包丁でズタズタに切り裂いて燃やしていた。

李朝時代の皇太子妃が行なった恋の呪術

男の心を取り戻す呪術にはほかにもさまざまなものがあるが、李朝時代の皇太子の妃《きさき》が行なった呪術として有名な話がある。

李朝四代目の王、世宗《セジョン》大王（ハングルを作った王で李朝歴代の王の中でも最も偉大な王とされる）の皇太子は、結婚のその日から妃の部屋に入ろうとはせず、二人の宮女におぼれていた。そのため、ほぼ二年の間独守空房の生活を続けた妃を見かねて、妃に仕えるひとりの女がこう進言した。

「相手の女の靴の踵を削り取り、それを燃やしてお酒に混ぜて飲めば相手の女から情がなくなり殿下は戻ってこられます」

嫉妬をすれば退妃となることはわかっていたが、妃は勇気をふりしぼって女たちに二人の宮女の靴の踵を削り取ってくるように命じ、見事成功するとさっそくそれを燃やしてお酒に混ぜて飲みほした。しかし、いくらたっても効果が現れず、かえって秘密がばれてしまうのではなかろうかという不安だけが大きくなっていった。

困った女たちは、さらに効果の大きい呪術を小耳にはさんできて妃に勧める。それは、性交の最中の蛇を見つけ、行為が終わってからその精液を採り、それを布に浸して肌身に着けておくという呪術だった。話を聞いて恐ろしくはなったものの、妃はその計画に乗り、採ってきた液を浸した布をそっと下着の下に着けて効果が現れるのを待った。しかしやはり効果を見ることがなかったばかりか、秘密が漏れて宮廷の内外に大きな噂がたつことになってしまった。

その結果、妃は退妃となり実家に戻ったが、心を鎮める間もなく、父親が採薬した毒をあおって死の責任をとらされることになってしまった。そして、娘が妃になることによって大きな出世をとげたその一家は、親戚一族もろとも滅ぼされていった(金英坤《キムヨンゴン》著『王妃列伝』高麗出版社より)。

この話には女の靴が出てくるが、女の靴は韓国では昔から女のシンボルを意味している。靴の形が似ているからなのかもしれないが、韓国固有の女の靴の模様は明らかに女のそれを模したもののように思われる。男が病気になれば、女の靴を門の前に掛けておくと男に力が戻るともいわれ、また藁で作った女の靴を燃やす呪術を子どもの頃にたびたび見たことがある。

今でも、靴がなくなる夢を見ると、恋人に逃げられるという。夢でなくとも、靴がなくなると愛情の面に問題が起きるといって気をつける韓国の女は多い。

また蛇の精液については、妃に仕える女の話によると、動物の中で性交する時間が最も長いのが蛇なのだそうである。おそらく、その精液を身に着けておくことで女の体が魔力を帯び、男を引き寄せる力になるという呪術なのだろう。

このように、韓国には女の側から男の愛を手にするための呪術の話がたくさんあるのだが、私の知る限りではそうした話を聞くことはまずない。あったとしても、それは韓国のような切実さとはほど遠いパターンで語られているように思う。また、豊臣秀吉の奥方は嫉妬深いことで有名で、秀吉がおおいに手を焼いたといった話や、嫉妬深いお妃の話だとかが堂々と語られている日本でもある。

嫉妬の心の所在を相手に示すこともまた恋愛の技術であってみれば、それだけ、古き日本には「問われ人の知能技術」が豊かにたゆたっていた、ということなのだろうか。

「君に恋する」とはどんな心か

「私はあの人を恋している」といういい方はすぐにわかるけれども、「私はあの人に恋している」といわれると、以前にはちょっととまどってしまっていた。韓国語にはそういういい方がないからである。

韓国語で「愛する」とか「恋する」は「サランハダ」という。「サラン」が愛とか恋で「ハダ」が「する」である。なお、「サラン」は漢字で「思郎」と書く。よくわからないが、古くは「女が男を思う」ことが愛だったのだろうか。

韓国語には日本語と同じような助詞があって、「を」と「に」にそのまま対応するものがあるのだが、「君を恋する」（タンシヌルサランハダ）とはいうけれどもない。

最初の頃はことばづかいが間違っているのではないかと思ったりしたものである。名詞化して「君に恋をしている」ならばわかるけれども、あくまで動詞で「君に恋している」のだから、それがどんな気持ちなのか、なかなかピンとこなかった。

異性への格別な思いを表すことばには、恋する、惚れる、愛する、好く、などがある。このうち、恋する、惚れるでは、「君に恋する」「君に惚れる」というけれども、愛する、好くでは、「君に愛する」「君に好く」とはいわず、「君を愛する」「君を好く」としかいわない。また恋するでは「君を恋する」ともいうけれども、惚れるでは「君を惚れる」とはいわない。それぞれにそんな違いがある。

ここで、「君を」と「君に」と両方つかうのは「恋する」だけである。「君を恋する」と「君に恋する」とでは、いったいどんな気持ちの違いがあるのだろうか。

「君を恋する」は、英語でいえば「アイ・ラブ・ユウ」でいいと思うけれども、「君に恋する」となると、英語ではどういったらいいのかわからない。ラブをつかって「君を」と「君に」の違いを英語で示すことはできないだろう。

「君に惚れる」も「アイ・ラブ・ユウ」とは違う。惚れるは「心を奪われて放心状態となる」ようなことだから、当然「君に惚れる」となる。そうすると、「恋する」

心にも「惚れる」心と同じような内容があり、だから「君に恋する」ともつかうのだろうか。因みに、韓国語にも「君に惚れる」（タンシンハンテパンハダ）とまったく同じつかい方のことばがある。

後に古いことばづかいについて書かれた本を読んで、奈良時代には「君に恋ふ」「君に恋ひ」といって、「君を恋ふ」とはいわなかったことを知った。たとえば、次のような例がある。

天地《あめつち》の極《そこひ》のうらに吾《あ》が如く　君に戀ふらむ人は實《さね》あらじ　（『万葉集』三七五〇）

これは若い女性が歌ったもので、「天地の末のほうに至るまで、私のようにあなたに恋している人は実際にありはしないでしょう」という意味になる。そしてこの「君に恋ふ」は、「あなたに気をひかれて」という気持ちをいったもので、だから「君に」となるのだという。奈良時代には、こちらから思う心ではなく、自然に向こうにひかれていく心が「恋ふ」ことだったのである。

奈良時代の日本人が、おそらくは奈良時代までの日本人が、恋心というものを、能動的な心の働きではなく、受動的な心の働きと感じていたことが、とても興味深い。その頃まで、恋とは「異性を求めること」ではなく、「異性にひかれること」だった。だからそれは、自分ではどうすることもできない心の働きだったのである。

前頁の歌は、普通の男女関係で歌われたものではない。女は下級女官で二人は夫婦なのだが、その結婚がどうやら重婚だったらしく、その罪を問われて越前に流された男への恋しい思いを詠んだ秀歌と名高い二三首の中の一首である。

好きになってはいけない相手を好きになってしまった、その心は「アイ・ラブ・ユウ」ではなくて、自分ではどうすることもできなくて苦しい「君に恋ふ」心なのだと、そういう気持ちを汲み取るべきなのだろう。

韓国には古代の歌は遺っていないのでわからないが、李氏朝鮮時代のキーセンたちは妻子ある男性への恋心をしばしば歌った。しかし、こんなふうに素人の娘さんが堂々と不倫相手への恋心を歌うなどは、とうていあり得ることではなかった。

平安時代から「人を恋ふ」というように、助詞「を」をつけることが一般化していったという。それは、心のなかで相手を求める点に意味の中心が移っていったため、語法も変化していったのだと理解されている。とはいっても、心の内容までがそっくり変わってしまったわけではなく、「君に恋ふ」のが恋心の核心にあることに変わりはなかったはずである。

『源氏物語』でも、登場人物たちはみな、自分から求めているのではないのに、どうしようもなく相手に心ひかれてしまう、それがとても苦しいという気持ちを盛んに表しているように思う。社会的には恋愛関係に入ってはいけない相手なのに、理性に逆らって相手にひかれていく自分の心がある。それは否定しようにも否定できない、もうなるようになれと肯定するしかない——そこには「自然の流れに身をまかせていくしかない人の心」の美学がある。

「サラン」でも「ラブ」でも、その「どうすることもできない心のあり方」では同じことである。だからこそ、そこでの心の葛藤《かっとう》が描かれもする。しかしそのどうしようもなさを、人為を超えた自然の働きと重ねていくような美学はないといえるだろう。「人を恋する」美しさに対して、「人に恋する」美しさがある。そういうことを、「君に恋ふ」ということば、今でもいう「私はあの人に恋している」ということばは、あらためて教えてくれているように思う。

この心の働きはとても大切なことだ。愛するにしても、好きになるにしても、今や語法の上では「君に」とはあまりつかわれない。そのため、「私が君を愛するか好きか」という一方的な気持ちの表現のようになってしまうが、ベースにあるものはやはり、「君にひかれている」から愛したり、好いたりするのである。だからこそ美しいというのが日本的な美学であるだろう。

具体的な個人の感情ならば、すぐに「愛している」と自信をもっていえる。けれども、「人類を愛する」とか「隣人を愛する」とか美しいことをいっていて、さて、本当に自分が人類にひかれているのか、隣人にひかれているのかと考えてみると、少々怪しくなってくる。

そこにあるのは情緒的な心ではなく、「愛すべきだ」とか「愛さなくてはいけない」という倫理であって、具体的な個人に対するように人類や隣人にひかれているわけではない。

でも、そこまで広げずに、「家族を愛する」とか「仲間を愛する」とか、あるいは「社員を愛する」とかまでならば、メンバー各自に心ひかれている世界はあり得る。そこからさらに、かつてならば「村人を愛する」まではかなり自信をもっていえただろう。それは、それらの人々と一体的な生活感覚を具体的にもつことができていたからに違いない。

恋人どうしが感じる一体感とは違うけれども、人は誰も「同じ釜の飯を食う」ことで、ゆるやかながら「人に恋する心」をもてるようにできているのだと思う。

同じ失恋のパターンを繰り返す人

人ときれいに別れるのはとても難しいことだ。

恋人でも友だちでも夫婦でも、二人はそれぞれが紡ぎ出す糸をあちこちで絡み合わせ、さまざまに縒《よ》り合わせてきた独自の歴史をもっている。

別れるとはそういう歴史を終わらせることを意味するのだから、簡単にひとつのである。

結び目を解《ほど》けばすむ、というものではない。糸の縺りをきれいに解きほぐすこと、それを怠ったままで別れれば、つまりいいかげんに別れてしまえば、その別れをきっかけとして、これまでとは違う新しい関係の世界へと旅立ったことにはならない。旅立ったつもりでいても、同様の別れを何回も繰り返すことがあるのはそのためで

別れは出会いのはじまり、新しい関係へ向けての出発点でもある。ところが、実際にはそうはならないことが多い。

せっかくひとつの別れを手に入れたのに、何回となくかつてと同じような関係のパターンにはまりこみ、同じような別れ方を幾度となく繰り返すことになる人はけっして少なくない。それは、いいかげんな別れ方をしてしまうからには違いないのだが、別れの対象は相手ばかりではなく、どこかでそんな別れへの道を歩いてきた自分自身でもあることに、人はなかなか気づかないのである。

異性から異性へと転々としている人、それも不真面目からではなく真剣にそうしている人がいる。そうした人はきっと、自分自身との別れができていないのである。私の知り合いの韓国人女性にもひとり、ちょっと極端な例かもしれないが、そうした別れを繰り返している人がいる。

彼女は中小企業の社長をしている日本人男性と結婚して男の子を産んだ。経済的

には豊かな生活が約束されていたが、彼はかなりの浮気者だった。それに気がついた彼女は、浮気の相手の女性に会っては彼と別れて欲しいと頼んだり、時にはすさまじいケンカをしたりして、必死に彼を自分のもとに取り戻そうとした。

そうするといったんは浮気がおさまるのだが、しばらくするとまた彼の浮気がはじまる。彼女はそのたびに女たちのもとを走り回ったり、時には探偵を雇って調べさせたりしながら、彼と相手の女との間を切り裂くことに専念した。それでも彼の浮気は止まず、結局のところ彼女はくたくたに疲れてしまい、子どもを連れて離婚してしまった。

彼女は今度こそよい男性にめぐり会いたいと思った。男の浮気にくたびれ果てていた彼女は、静かで平穏な暮らしさえあれば十分だと思った。そして、彼女にいつも優しく接してくれる、妻を亡くした六〇過ぎの男性に請われるまま、彼の後妻に入った。彼は以前の亭主との間の子どもまで引き受けてくれたし、また彼との間に女の子も生まれた。

経済的には何不自由ない生活だったが、やがて、彼には数人の愛人がおり、彼女たちの子どもが合わせて十数人いることを知った。またかの思いにうちひしがれはしたが、彼女はこれまでのことはいっさい目をつぶるから、これからは私ひとりを愛して欲しいと彼に頼んだ。彼はわかったといって、今後他の女性にはいっさい手を出さないと約束したのだが、それもつかの間、すぐに浮気の虫が騒ぎ出して新しい女をつくるようになっていった。

相手の女を探すのは前の亭主のことで慣れている、とばかりに、彼女は以前のように、次から次へと浮気の相手を捜し出し、彼女たちに脅しをかけていった。

やがて彼女は女たちに対するときには、包丁でカーテンや布団をズタズタに切り裂くなど、どんなにひどいことも平気でやってのけるようになっていた。そんなときの彼女は、もはやそれが男への憎悪なのか女への憎悪なのか、自分でもわからなくなっていたに違いない。

それから彼女は男を三人も代えている。いずれも相手の浮気とそのための対策に疲れ果てたうえでの別れである。彼女は浮気者の男との別れを繰り返しながら、そうしたパターンを繰り返す自分自身とはいまだに別れられていない。

彼女の場合は動きが派手なだけに例外的なケースのように思えるかもしれない。しかし、少なくとも彼女のように、二度としたくないと思っていた別れ方を二度、三度と繰り返してしまう女性や男性は、意外に多いように思える。そんなとき、人は自分が何か不幸な運命を背負わされているかのように思いがちだ。

でもほんとうは、そうした別れの形へと陥ってしまう自分自身と別れることができていないのだ。それについては日本人も韓国人も変わりがない。そして私自身の中にも、そうなることが予感されて恐くなるような気持ちがどこかにある。

時間をかけて、これまで縒り合わせてきた関係の糸のたばを、一本一本解きほぐしてゆき、全体がきれいにほどけたならば、そこから新しい人生がはじまり、二度と同じような別れを繰り返すことはなくなるはずである。

どこかで糸がほつれたまま、それを放置したまま別れるとき、それはほんとうの意味での別れとはなっていない。つまりそこでは、自分が相手とどのように関係してきたかが、よく自覚されていないからである。

粋な出会い、粋な別れができない韓国の男たち

誰も嫌な別れはしたくない、気持ちよく別れたい、そう思ってはいても、現実にはそうはならずに、嫌な思いを抱え込むことになってしまうことが多いようだ。

なぜそうなってしまうのだろうか。一時は「あの人なしでは生きられない」と思っていたのに、別れた後は、その人が思い出すのも嫌な人へと化してしまうことがあるのはなぜなのか。

少なくともいえることは、男女の間柄では、好きから嫌いへの移行がとても激しいのである。恋愛の感情には、その中間に安堵を求めようとする方向性ははじめからないといってよいだろう。好きへと極度に感情が集中し、嫌いへと極度に感情が

集中する、それが普通、恋愛のはじまりと終わりにあることだと思う。私にも、そんな、好きから嫌いへと激しく感情が移行した体験があった。

ところで、日本に来てまだ二、三年しか経っていなかった頃のこと、知り合いの日本人男性二人に誘われてお酒を飲みに行った。彼らは、今日は酔っぱらって楽しくやろうというものの、電車の中でも店に入ってカウンターについても、ひとりの彼にずっと元気がない。どうかしたのかと思って聞いてみると、もうひとりの彼がこう代弁してくれた。

「彼が真剣に好きだった恋人がほかの男性と結婚してしまってね、こいつは今失恋状態なんですよ。だから今日は呉さんと一緒に励ましてやろうかと思ってね、それで誘ったんです」

それは……というわけで、私は私なりに彼を励ましていたのだが、心のなかではなぜ恋人を失うことになったのかが知りたくて、なんとなく話の水をそこへむけるようにしていた。それには元来からの私の物見高さもあるのだが、そのときの私の興味は、日本人の女性はどうやって自分を好いてくれる男性を振ることができるのか、というところにあった。

なぜならば、私の知るかぎりでは、韓国では男性が積極的であればあるほど、女性のほうから振るケースは少ないように思えるし、また恋人である女性が他の男性と結婚したといえば、まず家族の問題がからんでいるに違いなかった。日本ではどうなのだろうかと思ったのである。

やがてボソボソと話しはじめた彼によれば、彼女は結婚を考えるに際して、ふたりの男性を秤にかけた結果、恋人である彼が選ばれずに、別の男が選ばれた、ということなのだった。聞いてはいけないことを聞いてしまったという思いで私が黙っていると、「そんなわけで振られたんです」と彼は苦笑いをして見せる。

心にズシンと響くことばだった。それから彼は、大きく伸びをひとつしながら、

「彼女とは縁がなかったんだな」という。

私はこのことばにすっかり驚いてしまった。そういうところに縁があるなしの発想が出てくるとは思いもしなかったのである。

彼と彼女とは恋人どうしだったのだから、縁があったのである。そして、もうひとりの男性は彼女の恋人ではなかった。彼女と結婚したにしても、それはとくに縁があったからではない。彼女が恋人である彼を捨てて他の男性を選んだのは、縁とは無関係のことであるはずだ。それは単に彼女を自分のもとへ引き止めておくだけの力が不足していたという問題で、あくまで彼自身の責任ではないのか。それを縁のせいにしようとしている――理屈ではそうなる。

しかし実際には、彼は相手の女性の幸せを願うから、また自分の心の傷を忘れた

いから、そもそも彼女とは縁がなかったと考えたかったのだろう。そうすることによって、恋人を忘れ、できるだけ早く立ち直ろうとしていたのだ。

韓国でも縁があるかないかはよくいわれることだし、また縁を大事に考えることでも日本とそう変わりはない。しかし、韓国人には彼のような場合に縁と結びつけて考える者は少ないと思う。

問題は縁ではなく自分の粘り強さが足りなかったからだ——韓国の男ならば多くがそう考え、心の底からの悔しさをあらわにするだろう。そして、長い間苦しみ続け、長い間彼女と相手の男性への恨みが心から消え去ることはないだろう。また、これが女性であれば、さらに強く恨みをもち続けることが多いものだ。もちろん日本人女性の中でも、恋人を他の女性に奪われたときの恨みと復讐のすさまじさは韓国人女性とは比べられないほど恐ろしい場合がある。しかし、そのようなことは稀のように思う。

日本人の縁の発想は精神衛生の上では実に有効である。テレビドラマを見ても、失恋した女性のだいたいはすぐに立ち直るように描かれている。ダラダラと悩み続け、泣き続け、恨みがましさを延々と展開する、といった場面はほとんど見ることができない。

韓国のテレビドラマでは、そんな場合の女は必ずといってよいほど、果てしのない深い苦しみと悲しみから、なんとしても逃れられない姿で描かれる。そして、そのように描かれるドラマが若い女たちにはことのほか人気がある。

韓国人の発想では、出会いには縁を考えるが、後はその縁を生かせたかどうかなのである。だから失恋は、縁とは関係のない現実そのものに対する敗北にほかならない。そのため、悔しさが簡単には消えないし、いつまで経っても悩み苦しむことになりがちなのだ。それで潰されてしまう場合もあるが、多くの者はそれをバネにより強く生きようとする。日本人の発想では、多くの場合、出会いも別れも縁である。一種の無責任（自然のなせるわざ）のシステムには違いないが、そのため、失恋の痛手から早く立ち直ることができる作用を果たしているように思える。

総じて韓国の男は、日本的にいえば粋な出会いも粋な別れもできない。出会いではストーカーまがいの徹底的なアタックだし、別れではズルズルと恨みがましさを引きずり続けるのである。

恋愛にとって最も自分が問われるのは別れなのだと思う。なぜかといえば、強力な外部からの力をもって引き裂かれた別れでないかぎり、別れは明らかに自分が招いた関係の失敗を意味しているからである。その失敗を乗り越えて、次にほんとうの成功を手にするためにこそ、どんな別れ方をするかは重要なことだ。

別れは新しい人生へ向けての旅立ちなのだから。

第三章　美人病と美男病——なぜ大統領までが整形するのか

美人病の伝統

韓国は自他ともに認める「美人病」の国である。

韓国の美女・美男好みは、ある種の民族的な性向ともいうべきもので、最近の北朝鮮が韓国で開かれる国際スポーツ大会に必ず女性応援団、いわゆる「美女軍団」を派遣してくるのも、その点に狙いを定めたものである。

実際、この「美女軍団」作戦は韓国でとても大きな効果を発揮している。大きな効果というのは、北朝鮮の人々に対する「民族的な親しみ」が、彼女たちを通して韓国社会に深く浸透したということである。この点、日本ではあまりよく理解されていないと思う。

韓国人の「美女軍団」への熱狂ぶりは、一律に容姿の整った彼女たちの統一のとれた「華麗なる応援ぶり」に対するものだ。そこに韓国人は「民族美」を感じ、民族的な情緒の一体感が強く感じられてくるのである。単なるお祭り騒ぎではない。

日本では「東男《あずまおとこ》に京女」とか「秋田美人」とかいわれるが、韓国では「南男北女《ナムナムブンニョ》」という。美人といえば北部の女、なのである。日本にあてはめれば、それまで半世紀もの間目にすることもできなかった「京女」や「秋田美人」が勢揃いしたのである。そう考えてみれば、「南男」たちの熱狂ぶりもいくらか推察できるのではないだろうか。

朝鮮民族伝統の「美人病」が、最も極端にかつ国家権力をもって展開されると、北朝鮮の首都・平壌《ピョンヤン》のような「表面美人都市」が生まれる。平壌の中には（表面的に）美しくないものがあってはならない。これは中心部に居住する人間の美醜についても、かなり政策的に調整されているといわれる。

韓国では「見かけ」の重視から、表面的な美のいっそうの強調が競われる。まず身体で最も自信のあるところを強く引き立たせる。顔では目の美しさが重んじられるため、ことのほか目まわりをいじる傾向の強い化粧となる。そして頭のてっぺんから足の爪先まで、一糸の乱れもないすっきりと統一された整いに気が配られる。はっきりとした輪郭、くっきりと浮き立つ色彩、統合的な一義性などが基調となる。

こんな具合に人々の間で表面的な美が激しく競われるのだけれども、それによって多様性が生まれるのではなく、一斉に時代の理想的な美への限りなき接近が目指されて単一性が拡大する。結果、どこもかしこも同じパターンの「美人」で溢れ返るのである。

現在の韓国では、かつてのような厚化粧はすっかり影を潜め、日本的なナチュラル化粧が全盛である。そのため、若い女性たちでは、一見しただけでは日本人か韓国人か、ほとんど区別がつかないようにまでなっている。

それでも、よく見ればかなりの違いのあることがわかる。

日本人が好む美は韓国人とはおよそ反対のことばかり。統一性を嫌い、いくらかの乱れを意識的につくる、余韻を生み出す輪郭の曖昧さを好む、派手といわれるより渋いといわれたい、美人であるほど目立たないようにする、伝統的な隠れた美、わずかにのぞく美、ほのぼのと香る美への愛着……。

まずこうした美意識の違いがあり、これが社会の表面の装いに大きく関係してくる。まず大韓航空やアシアナ航空のスチュワーデスにはじまり、空港カウンター、ホテル、レストランやコーヒーショップで働く女性、ビジネス中心街のＯＬ、デパートの案内嬢、専門店の売り子と、行くところ行くところ、みな先端のファッションを強く意識した美人ばかりがそろっているのである。いきおい、華やかさの世界が広がっていく。

こんなふうに、韓国では社会の表面に立つ仕事をする女性には、日本とは比較にならないほど美人優先の考えが徹底している。こんな環境にある者がそのまま日本の風土に転じれば、日本はあたかも「不美人病」にかかっているかのような印象に見舞われる。ずいぶん前だが韓国で百万部を超えるベストセラーとなった田麗玉《チョンヨオク》の日本滞在記『日本はない』(一九九三年。邦題『悲しい日本人』)でも、「なぜ日本の女性は不美人ばかりなのか」と、なんとも勝手な腹立たしさをぶつけていた。

あるとき都内で電車に乗っていたら、私のすぐそばに立つ、三人の若い男性が韓国語で何やら話をしていた。韓国からの留学生のようである。やがて、こんな会話が耳に飛び込んできた。

「この前、あっ美人だなと思って話しかけてみたら、やっぱり韓国人なんだよ」

「日本で美人にお目にかかるのは難しいよね。韓国にはあんなに美人が多いのに」

「それって、誇るべきことだね」

あれあれ、相変わらずなんだなと思った。以前から、旅行者や留学生など来日間もない韓国人から、「日本には美人がいない」という印象を聞かされることが多かった。もちろんこれは、「反日問題」とはまったく関係がない。

韓国の「身体髪膚《しんたいはっぷ》を父母に受け」という儒教の伝統は、生来の肉体や才能をきわめて重んじ、それを自らの手で高度に磨き上げていくことを徳とする文化を生み出してきた。この努力の過程で磨き抜かれてきた形の美しさこそ、自分の内容・内面を表すもの。形をもって内実を示す礼（形式主義）の文化である。これは韓国の「美人病」とけっして無関係ではない。より激しさを増す競争社会がそれにいっそうの拍車をかけている。

満開の花と萎れて落ちた花

韓国の若者たちが、日本には美人がいないと感じるのには、民族的な美意識や美的な感覚が多分に関係している。つまり、何を美しいことと感じて生きているかとか、どんなものを美しいと感じているかとか、そのへんが日本人と韓国人では大きく異なるところがあるのである。

韓国人は、鮮やかな色彩とか、満月のお月さまのように均一に整った形の美しさとか、くっきりとしたトーンとかを好む傾向が強い。それを称して、ひとまず「完璧な美を好む」といっておこう。もちろん、そういう傾向は日本人にもあるけれど、韓国人ほど「そういう傾向が強い」とはいえない。

そういう傾向とはまったく違う日本人好みの美といったら、あいまいな淡さとか渋さの感覚。あるいは、小さないのちの呼吸とか萎《しお》れて枯れ落ちた花びらとか。伝統美でいえば「もののあわれ」とか「わび」「さび」とか。そのあたりの美というものが、韓国人にはなかなか通じないのである。

そういう美の傾向は日本人独特のもので、韓国人だけではなく他のアジア人にもなかなか通じにくい。高級インテリアにはけっこうそういうところの日本美ファンがいるけれど、少なくとも庶民には容易に通じていない。

韓国人なら、花といえば満開の花が一〇〇点満点の花、蕾《つぼみ》はまあ五〇点くらいで、萎れてしまえば点なんかつかない。でも日本人には、満開の花ばかりが花ではない。私はあるとき「満開の花を一〇〇点とするならば、蕾の花は八〇点くらいで、萎れて落ちた花は二〇点くらいですか」と、ある日本人に聞いてみたことがある。するとその人は、「いやいや、どの花も一〇〇点ですね」というのである。

こういう「どれもいい」という感覚が韓国人にはよくわからない。考え方にしてもそうだけれども、日本人はとても多義的で韓国人はとても一義的である。それにしても、なぜ萎れて落ちた花がそんなにいいのか、最初のころは「なんてすさんだ美意識なのか」と思ったものである。

小さないのちとか、か弱いいのちとか、あるいは枯れたいのちとか、そういういのちを哀れんだり、慈《いつく》しんだりする気持ちは韓国人にもある。でもそこに、なんともいえない美しさを感じるなんていうふうにはならない。韓国人が「完璧な美を好む」とすれば、日本人は「不完全な美を好む」といってもいいくらいで、そういうものに風情、情緒、味わいを感じる感性が、日本人には老若男女を問わずいきわたっている。

お月見にしてもそうだ。韓国でも日本と同じように、八月一五日（旧暦）の満月を観て楽しむ。このすっきりと完璧・均一に形の整った月、これこそが美しいもの、観賞に値するものだ。なのに、日本には十五夜だけじゃなくて、少々欠けた十三夜の月を楽しむ習慣が古くからあるという。あるいは、ちょっと出るのが遅くなる十六夜の月もいいとか。

この「ちょっと欠けたところ」に風情を感じる感性、不足というか欠如というか、不完全な美しさにいっそう心ひかれるのが日本人である。それに対して、派手で鮮やかな色彩、ピカピカした輝き、非の打ち所のない整形美にいっそう心ひかれるのが韓国人である。

整形美についていうと、それは「正しい形こそ美しい」という感じ方を意味している。

ちょっと欠けていれば、それは正しくない美である。そういう感覚が韓国人の意識の底にある。韓国人に整形したがる人が多いのも、そういうことと無縁ではない。人は道徳的な完璧さ、理念的な完璧さに向かって生きるべきだという儒教の教えが、美意識にまで影響を及ぼしているのである。

だから韓国人の発想では、「どのように生きることが正しいか」がテーマとなる。

そして、道徳的・倫理的に正しい生き方こそが美しい生き方だとなる。もちろん日本人でもそう発想している人はいるのだろうが、それよりも多くの日本人は「どのように生きることが美しいか」と発想していると思える。そして、美しい生き方であれば、それが世間の道徳や倫理と多少ぶつかってもいいんだと、そうなっているのではないだろうか。

美形研磨の病気社会

女でも男でも美形は一般にもてる。だから美形の彼らはその人生の途上で、とくに大きな労力を費やすこともなく異性が寄ってくる体験を積み重ねることになる。そこでは、異性が簡単に「手に入る」ものと思いこめるから、「むさ苦しき顔型」の者たちの苦労がいかなるものかへの想像力はほとんど欠如している。

こうした美形人種の想像力のなさほど気色の悪いものはない。それでも日本の美形人種たちは、周囲の大多数の「むさ苦しき顔型」の者たちとうまくやっていくために、けっして自分はもててはいないのだという態度をとろうとしていく。これはうまくやらないと却って嫌みになるので、彼らとしてもけっこうな努力が必要となってくる。

日本ではそんなふうに、美形の彼らの「自主規制」が行なわれているのだが、世界的な美人病の国韓国では、そんな「謙虚なる美形」なぞはどこにも存在しない。次は一九九八年、韓国経済危機まっただ中でのあるテレビドラマの一こまである。リストラが噂される会社の女性社員が数人集まって心配をしている。そこで一人の女性が「私にはそんな心配はないわ。だって美人だから」といってのける。たしかに彼女は美形、他の女性たちはみなうなずいての納得顔。嫌な顔をする者は一人もいない。

また、韓国で美人の代名詞ともされる女優が、「長年最高の人気を維持してきた秘密はどこにあるか」とのテレビのインタビューに答えて、「私が美人だからですよ」と小さく笑いながら当然のごとくいってのけていた。

いずれも軽い冗談のつもりでいっているのだが、日本ならば美人が自分を美人だといったのではまるで冗談にならない。第三者が「あなたは美人だから」といい、本人がそれを否定する素振りを見せて恥じらい、はじめて成り立つ話だ。しかし、そういう日本人の態度を、正直ではない、欺瞞的だと感じる韓国人は少なくない。

韓国でミスコリア選抜大会が国をあげてのお祭りのようになって久しい。ミスコリアに選抜されれば、テレビのキャスターや女優などの将来が約束されるだけではなく、あたかも国民栄誉賞を受けた英雄であるかのような、特別な存在と扱われるのだ。

そのため、ミスコリア教育ママが世にはびこり、莫大な賄賂が飛び交い、密かに周到な整形手術を施して大会に臨む者が絶えない。選抜大会に参加したことだけでも大きなステイタスとなり得る現実があるからだ。

韓国社会は伝統的に、強固な知識人重視の社会である。と同時に、強烈な外見美・肉感美重視の社会である。男子たる者はより高い学歴の獲得を目指して自らを磨くべし、女子たる者はより美しい顔型・肉体の獲得を目指して自らを磨くべし。人たる者はそうした自己研磨で競争し合うべし。物心がついた頃には、誰もがそんな世の要請を幼い肌身にひしひしと感じている。

美形を磨けとはいっても、これは結局もって生まれたもので決まってしまうから、いくら磨いたところで自ずと限界がある。というはずだったところへ、整形美容技術の発達という大きな福音がやって来た。それで韓国では、この十数年の間に、整形美容は女性の常識といわれるまでに普及したのである。

目や鼻や眉の整形などは化粧品を買うような軽い気分でやっている。見合いの前に親が娘に整形を勧めたり、夫が妻に整形を勧めたりは何ら珍しいことではない。

最近、故郷・済州島の田舎で中年おばさん数名で集まったときにも、隣の農家の誰は闇で整形手術をして副作用を起こしただの、どこそこの病院は間違いないだのという話が、それはやたらに飛び交ったものだ。さらに驚いたことには、就職試験の面接のために、気弱そうな性格に見える目元をきりりと引き締めるように整形したという男性もいた。これも今ではまったく珍しいことではなくなっている。

整形美容で鬱屈《うっくつ》した気持ちが晴れ晴れとなるのなら、それはそれでめでたいことだ。でも、そのめでたさを求めて実際の手術へ向かう者が成人女性人口の三割ともいわれるようになってくると、やはりその社会は美人病に冒されているというしかない。

外貌が人生を左右する

朝鮮民族に伝統的な「美人病」は、消費社会の進展とともに現在、かつてないほど蔓延している。国内ではこれを何のてらいもなく、「ルックス至上主義」「外貌至上主義」「ルッキズム」などと呼んでいる。日本でならばこれらは否定的な表現となるだろうが、韓国ではとくに否定的なニュアンスはない。こうした傾向に対して、社会的な批判が浴びせられることもほとんどない。

たとえば、「社会的ステータスと心理的満足度の高さを求める最近のようなイデオロギー空白期には、ルックスが人々の優劣と人生の勝敗を決める重要な物差しとして浮上するらしい」(『中央日報』二〇〇二年八月一二日)といった観測を掲げる新聞記事はあっても、そこに否定的な姿勢を見ることはできない。国民の圧倒的な傾向には、ジャーナリズムといえども反旗を翻すことができないということなのだろうか。いや、ジャーナリストたちもまた、なみいる「美人病患者」の一員だからというべきだろう。

この記事のなかでは、「外貌（ルックス）が人生を左右する」との見出しのもとに、民間調査機関による「美人病」の調査結果が紹介されている（第一企画による二〇〇二年八月一一日、国内一三〜四三歳の女性二〇〇人を対象にした電話・インタビューによる調査）。主なところを次にあげておこう。

・「外貌が人生の勝ち負けに大きく作用するか」との質問に対して、六八％が「作用する」と答えている。
・「作用する」と答えた者のうち、八〇％が大学生とＯＬ。
・「外貌を整えることはおしゃれではなく必須のこと」と答えた者が七八％。
・「相手の肌やスタイルを見れば生活水準がわかる」と答えた者が七〇％。

同調査機関は、さらに細かく行なわれた調査結果を総合的に判断して、「二五〜三四歳の世代が外貌を最も重要視する世代」だと述べている。そしてこの世代は、「外貌が自分自身の競争力を高める主な手段と考えており、運動や肌の管理だけでなく整形手術にも積極的である」という。また三五〜四三歳の世代については、「外貌を富の象徴や社会的ステータスとみて、肌やスタイル管理に熱中し、機能性化粧品や下着、サウナなどを積極的に活用している」としている。

外貌が社会的な競争力を高める手段と感じられており、外貌が人生を左右するまで認識されている。諸個人に固有な病理の問題ではなく、社会的な病理の問題であることは明らかだ。外貌が人生の勝ち負けに大きく作用する社会——どこの国にも多少の作用はあるだろうが、韓国ではきわめて甚大なる作用を果たす。外貌は誰にとっても切実な人生上の大問題なのである。

「美形」か「醜形」かで自己管理能力を問われる社会

「美人病」の国韓国は「整形共和国」とも自称する。

韓国社会は、誰もが美男・美女を夢見る「整形共和国」へと向かっている。体はすらり、顔もすっきりとした美人を夢見る若い女性はいうまでもなく、高校生から七〇歳を超えるおばあさんまで整形手術の希望者として列に並ぶ。皮膚管理、二重まぶた、毛髪移植など男性たちも整形手術の対象から例外ではない。……「人間の体は欲望の源泉であるのと同時に欲望の対象」ということばもあるように、誰かよりもきれいな外見を持ちたいというのは、あまりにも当然。「外見」すなわち「能力」とされる最近の状況では、なおさらそうだろう。
（『週刊朝鮮』二〇〇一年七月五日号）

ここで「『外見』すなわち『能力』とされる最近の状況」というのは、「まさか」と思われるかもしれないが、まさしく現実そのものである。そして、韓国ではそれは「あまりにも当然のこと」と受け止められている。

なぜ「外見」が「能力」とされるのか。

それは、外見を美しくすることは、自己管理能力の問題だとする考えが、近年では大勢を占めてきているからである。

顔つきや体型が悪いのは自己管理能力の欠如とみなす風潮は、とくに企業に蔓延している。目つきが悪かったり、表情が暗かったり、他人に悪印象を与える顔つきをしている者は、美容をはじめとする自己管理ができていないとみなされる。太りすぎの体型も、やせすぎの体型も、総じてバランスを欠いた体型をしている者は、食生活や運動などの面での自己管理がよくできていないとみなされる。「自己管理能力の欠如」とみなされれば、いうまでもなく就職には大きな不利となるのである。

そうした社会風潮を背景に、韓国では現在、女性では三～四人に一人が、男性では五〜六人に一人が、何らかの美容整形手術を受けた経験をもっているとみられている。

たとえば、韓国のインターネットショッピングモール「インターパーク」の会員対象アンケート調査（女性二一〇五人、男性一二〇四人）によれば、女性では二六％が、男性では一六・七％が「美容整形手術をしたことがある」と答えている（『朝鮮日報』二〇〇四年八月一六日）。

右は広範囲の年齢層にわたるものだが、これが二〇代、三〇代の世代となると、女性では半数が有体験者とみるのが一般的だ。たとえば、韓国保健福祉部（日本の厚生労働省にあたる）がソウル大学医学部精神科リュ・インギュン教授チームに依頼した男女大学生に対する調査（女性一五六五人、男性四六九人／二〇〇四年五月）によると、女子大生で五二・五％、男子大生で五・八％という結果であった。

また、女子大生の八二・一％が、今後一つ以上の美容整形手術をしたいと答えている。男子大生が少ないようだが、彼らの場合は就職試験を前にして一気に数字が倍以上にアップする。その動機は「目つきが悪いと面接で不利になる」「人前に出る仕事に就けない」などであるらしい。

アメリカでも今は空前の美容整形ブームといわれ、近年では一五〇万人前後が美容整形を受けているとの数字がある。日本でも年々増加の傾向にあるようだ。

しかし、韓国の「美容整形手術ブーム」は、ただ単に「美しくなりたい」という欲望のためだけではない。先にも述べたように、「社会の強い要請」があるのである。

国税庁の課税資料によれば、美容整形市場は五〇〇〇億ウォン（約五〇〇億円）規模である。ずいぶん少ない数字だが、これは医師免許をもっている医院などに限った数字である。

韓国の美容整形は、実際には、圧倒的に医師免許をもたない美容師レベルで行なわれている。闇市場のほうが数段大きいのである。国税庁も、無免許施術までを合わせると三兆ウォン（約三〇〇〇億円）を超えるだろうと予測している。

全国の整形外科開業医数は四六七（大韓医師協会による）で、このうち約二〇〇がソウル首都圏地域に集中している。さらに約五〇カ所がソウルの江南区《カンナムグ》の新沙洞《シンサドン》と狎鷗亭洞《アプクジヨンドン》に集中している。試みに狎鷗亭洞の中心街に立って見たことがあるが、「美容整形」の看板が一視野の中に一〇個も入るという密集ぶりである。

手術費用は二重まぶたと鼻筋の手術で一五〇万〜二〇〇万ウォン（一五万〜二〇万円）ほど、脂肪吸入手術で三〇〇万〜五〇〇万ウォンほど、あごを削る顔面輪郭手術で五〇〇万ウォンほど、豊胸手術や乳房整形手術で六〇〇万ウォンほどだという。

一人当たりの国民所得一〇〇万円台の韓国では、かなりな高額である。それでも美容整形手術は、二〇代から六〇代までのあらゆる年齢層にわたって拡大を続けている。

ほとんど病気の肉体改造

韓国では「健康な肉体には健康な精神が宿る」というナチスばりのおかしな考えが、とくに差別的な意識の自覚なしに当然のごとく語られることが多い。それに加えて、「内面の美しさが外面の美しさよりも大切なことだ」という正論が、若い女性たちにはまことに非現実的だと感じざるを得ない現実が、消費社会の進展に伴っていっそう激しく進んでいる。

ここでいう健康な肉体とは、単に病気をしないということではなく、「若々しく美しい肉体」を意味している。そのため、「不細工」な顔の持ち主や「太りすぎ」の身体の持ち主は、それだけで韓国競争社会の脱落者となってしまう。それにさらに拍車をかけているのが、右に述べた最近はやりの「自己管理」という考え方である。

元来からの美形志向が「自己管理説」と結びついて、韓国の外貌至上主義はいっそう歪んだ現実をさまざまに生み出している。たとえば、次のようなケースが深刻度を増して社会に拡大している。

外見へのコンプレックスで苦しんでいる会社員のAさん(二四)は、貯金して集めたおカネで目と鼻、あごの整形手術を受けた。それでも気に入らず、二年間で四回の手術を受けた。見栄えはよくなったが、彼女の不安と憂鬱は消えなかった。Aさんは結局、整形外科医の勧めで精神科の治療をはじめ、一年以上かけた集中的なカウンセリングと抗鬱剤の投与によって安定を取り戻した。

(前掲『週刊朝鮮』)

こうした人たちは、韓国では「整形手術中毒者」といわれていて、深刻な精神疾患と関連している確率がきわめて高いという。先の韓国保健福祉部の調査を進めたリュ教授は、調査結果について次のように述べている。

美容整形の主な動機はコンプレックスを脱して自信感を得るためが四三・五%だったが、整形有経験者集団は無経験者集団に比べて、自信感、身体部位別満足度、体形満足度が相対的に低く、(調査結果は)美容整形を通じての外貌の変化が、個人の幸せのための窮極的解決策にはなっていないことを示唆している。

（民間通信社「ニューシース」二〇〇四年五月四日配信）

いくら整形しても満足することがないという心理的な圧迫感は、「よりスマートな体型」を望む若い女性たちにも共通するものであることが、リュ教授の調査でも明らかとなっている。

リュ教授の調査では、女子大生の七九・六％が体重を減量した体験があるが、そのうち六四％がその結果に「不満足」と答えている。彼女たちの平均身長は約一六二センチ、その場合の健康的な正常体重は五五・一キログラムである。にもかかわらず、彼女たちの希望体重は四七・二キログラムと、著しく低いものであった。また彼女たちの理想的な体型は、身長一六七センチ、体重四九・四キログラム（正常体重範囲五二・七～六四・五キログラム）であった。

また、健康食品を製造販売する「イルムライフ」社が、ソウル首都圏地域に居住する二〇～二一歳の女子大生二〇七人を対象に行なったアンケート調査（二〇〇二年八月～一〇月）によれば、約半数の一〇一人が平均体重よりも低い「低体重」で、「過体重」はわずか六％であった（『中央日報』二〇〇二年一一月二四日）。

韓国における美容熱はこのように、単に「美しくなりたい」という次元を大きく超えている。プロアスリートたちが逆の意味での「ほとんど病気」の超頑強な肉体を作っていくのとは正反対に、貧血を抱えるしかない虚弱な肉体作りが目指されてしまっている。深いところで人間否定を抱え込んだ社会的な病理というべきだろう。

「若く見せたい」ゆえの中高年の美容熱

韓国における健康と美容――その理想は先にも述べた「若々しく美しい肉体」にほかならない。そこで中高年男性の間では、肉体を若返らせる「アンチ・エイジング」医療技術と称する、「老化防止クリニック」がブームとなっている。近年の新聞記事から紹介してみよう（『朝鮮日報』二〇〇二年一月八日）。

老化防止クリニックはソウル市内だけでも、大学病院や江南区の民間医院などで三〇カ所余りあり、どこも大繁盛している。来診者の一割から二割が男性で、その中心は三〇代後半から五〇代。職業は会社の社長や役員、ベンチャー企業家など、社会的な地位の高い富裕層が多いという。これまでは、主として更年期の女性が多かったのだが、二〇〇一年くらいから男性が大幅に増加しているとのことである。

四八歳のある男性教師は、女子生徒から「お爺さん」といわれたのがショックで、垂れた顎の筋肉を引き締める注射を打った。「ボトックス」療法といわれるもので、料金は一五〇万ウォン（約一五万円）である。

五二歳の中小企業の社長は、四〇〇〇万ウォン（約四〇〇万円）ものお金をかけて、ホルモン治療に一年間通い続けた。大切な約束まで忘れてしまうなど、健忘症がひどくて失敗が多く、「老化防止クリニック」に相談したところ、「ホルモン注射をすると記憶力も回復する」と勧められたのだという。

代表的な治療がホルモン治療で、これには他にもさまざまな効用があるようだ。三六歳のベンチャー企業家は、「あなたは時代の先端をいくベンチャー企業家なのに顔が老けて見えるのはよくない」といわれ、「明るいイメージを取り戻すために」ホルモン治療を受けた。そのほか、性機能を増強するホルモン療法を受ける人も少なくないという。

中年男性で老化防止の治療を受ける人の主な理由は、「年寄りに見えるとビジネスで甘く見られる」「昇進競争に勝てない」「年齢よりはるかに老けて見える」「性機能の回復」などである。

「老化防止クリニック」の治療費用はかなり高額である。ホルモン療法は、初期の検査費用だけで二〇〇万ウォン。一年間治療すると七〇〇万ウォンから四〇〇〇万ウォンはかかるという。

また、韓国ではとにかく、老いも若きも太った体型が嫌われる。そこで誰も彼もがダイエットに走ることになるのだが、これは今にはじまったことではない。

私の若い時分（一九七〇年代はじめ頃）に、ダイエット効果抜群との噂の高い薬があった。ただ、これはきわめて危険で、飲み過ぎて身体をこわした若い娘たちが近所にも少なくなかった。それで母からはきつく「けっして飲むな」といわれていた。しかし高校生当時、少々ぷっくりとした体型だった私は、なんとしてでも痩せたいと、危険を覚悟の上で母に内緒でこっそりとその薬を飲み続けた。

たしかに効果はすごかった。ところが、とくに飲み過ぎたとも思えなかったのに、身体がやたらに疲れるのである。ついには立っているのがやっとという状態になって失神し、数日間寝込んでしまったことがある。それでも私は、結果的に痩せられたことを大いに喜んでいた。

こんな「果敢な精神」の持ち主だらけの韓国では、近年はそれこそ洪水のようにダイエット食品が市場に溢れている。そして、危険なことは昔からいっこうに変わっていないのだ。

政府がその対策に乗り出したのはごく最近のことである。消費者からの多数の訴えを受けて、ようやく重い腰をあげた消費者保護院が、薬局、スーパー、輸入専門店、インターネットなどで販売されているダイエット食品を調査してみたところ、実にその七三%から「禁止薬物成分」が発見されたのである(『朝鮮日報』二〇〇四年一一月二五日)。

そして、中高年女性の最大の関心はエステと美容整形である。

たとえば、ソウルの有名デパートにある会員制のプール、ヘルスクラブ、エアロビクス・ルーム、ボウリング場は平日も満員状態で、会員の八〇%が女性、その八〇%が主婦である。とくに一〇年ほど前にはじまった、特殊な石の放熱効果を利用するサウナは、カラオケ以来最大のヒット作といわれて爆発的な人気を博している。利用者は圧倒的に主婦層で占められている。

絵画教室、語学教室、教養講座など文化・教養産業への参加も目立ってきているとはいえ、依然として韓国中高年女性たちの余暇の中心は美容とヘルスであり、関連産業への集中度は年々高まる一方である。韓国のファッション・サウナ、エステサロン、美容整形など、美容産業部門の消費は年々増加の一途をたどっており、不況知らずの産業といわれ続けて久しい。

同じ傾向は老婦人の間にも拡大している。数年前の調査だが、民間調査機関（第一企画）のインタビュー調査によると、老人大学在学の五五歳から七五歳の女性六〇人のうち三八%までが、若く見せられるならば整形手術をしたいと答えている。

私の知り合いにも整形手術を受けた五〇代の韓国人女性が何人かいる。聞いてみると、一様に「シワや皮膚のたるみを取る手術を受けて気分が一新し、張りのある生活を送ることができるようになった」と明るい顔で答える。彼女たちはサウナ、エステサロンの常連客でもある。

こうした韓国の中高年・老年女性たちの美容熱は、日本人にはかなり過激なものと映っているようだ。「なぜそこまでして……」と日本人から聞かれることが多いが、それだけ、家庭問題などからくるストレスの解消に大きな効果があるからにほかならない。そう答えると、次には「なぜそれがストレスの解消になるのか」という質問をされることになる。日本では美容が韓国ほどには、主婦や老婦人らのストレスの解消に役立つものではないらしいのである。

韓国の中高年・老年女性にとっての美容テーマは、ストレートに先に述べた「若々しく美しい肉体」の限りなき再生への努力である。そのため、しだいに老いていく自らの肉体とのあくなき格闘が美容の目的となり、したがって日々過激にならざるを得ないのである。

一方、日本の中高年・老年女性の美容志向はとても緩《ゆる》やかなものだ。若さの再現というテーマがないわけではないが、中年の清楚な色気、老年の品位など、世代に応じた美のカテゴリーが発達していて、精神的な「内面の美容」へと向かう傾向が強いからではないのだろうか。

美人たろうとする執念の強さは世界一

韓国へ行ったことのある人から、「韓国の女の人には美人でスタイルのいい人が多いんですねえ」といわれることがちょくちょくある。その感心したような口ぶりからして、どうも韓国人である私への社交辞令だけとも思えない。確かに率直な印象であるようなのだ。

若くて美人であること、しかも、頭のてっぺんから足の爪先に至るまで、よく整った外見美を現していること。それはどこの国の女にとっても願わしいことであるには違いない。が、そこへ向かおうとする執念の強さでは、韓国の女はとうてい他国の女とは比較にならないと思わずにはいられない。その過激なまでの執念の強さこそが、世に「韓国には美人が多い説」を生み出した最大の理由なのである。

今のように美容産業が発達していなかった頃、女たちは盛んに漢方を用いて美容に専念した。そのなかのひとつに、黒山羊のスープというのがある。とくにシミ、ソバカスを防ぎ、美肌を作る上で大きな効果を発揮するといわれている。

ソウルでは今なお、黒山羊を専門に売る店がたくさんある。これを漢方では一匹丸々を二日間ほど煮込み、ドロドロのシチュウ状のものにして飲む。ところがこれが、ものすごい臭気を放つのである。

覚悟を決めて、目をつぶり鼻をつまんで一気に飲み干すと、すぐに胃の底から激しい吐き気が突き上げてくる。それをグッと我慢し、吐き出してしまわないように、何遍も何遍もこらえなくてはならない。そして飲んだら最後、二日ほどは身体中から立ち昇る悪臭が消えないから、とても人と会うことはできない。しかも、これを少なくとも半月ほど飲み続けなくてはならないのである。

二〇年ほど前のことになる。私がいまだ韓国「美人病」から脱していなかった頃、所用でソウルへ行った折に、この黒山羊のスープを、その当時一匹分二〇万ウォン（当時のレートで四万円ほど）の大枚をはたいて買って来たことがある。知り合いの滞日韓国女性たちと、共に「美人病」にどっぷりと浸ろうとの趣向である。臭気のひどいときには仕事を休み、みんなで我慢、我慢の毎日を送ったことを覚えている。

こんな具合に、ひとくちに美容といっても、日本の女たちとは気構えが違うのである。黒山羊のスープが美容にいいというと興味をもつ日本の女性は多い。けれども、飲みづらさと悪臭の話をすると、途端に誰もがやる気をなくしてしまう。執念のあり方が違うのである。

これも二〇年ほど前の話。高麗人参を煎じて飲むと疲れがとれるので、たまに飲むことがあった。高麗人参が疲労回復にもたらす効果は大きいが、私の場合は飲むと顔に吹き出物ができてしまうため、ずっと飲まないようにしていた。あるとき、どうしても疲れがとれないので、久しぶりに煎じて飲もうかと思ったが、やはり吹き出物のことが気になる。健康をとるか美容をとるか……。

他の韓国の女たちはそんなときどうするだろうかと思って、私が教えていた日本語教室へ通う生徒たちに聞いてみた。すると、みんながみんな「飲むべきではない」という。

「死ぬかもしれないというわけでもなければ、当然飲まないほうがいいですよ。だって先生も女でしょ？」

多少の健康を犠牲にしても美容をとるべきだ――である。

美容に気をつけているといいながら、一方では甘いケーキに盛んに手を出す日本の女たちと、「明日の死よりも今日の楊貴妃を」と腹を決めている韓国の女たちとでは、はじめから執念のあり方が違うのである。女子大生たちの「やせすぎ」も、健康を害することを承知の上でのことなのかもしれない。

美人になることで「恨がほぐれる」

韓国人の過激な美人志向には、「恨《ハン》」と呼ばれる国民的な精神性が強く関係している。「恨」は「うらみ」のことだが、静的・固定的にとらえられる「うらみ」ではなく、最終的には消失することへ向かおうとするプロセスの内にある動的な「うらみ」である。もう少し簡単にいってみよう。

韓国には「わが民族は他民族の支配を受けながら、艱難辛苦《かんなんしんく》の歴史を歩んできたが、それにめげることなく力を尽くして未来を切り開いてきた」という「恨の民族」を誇る精神的な伝統がある。これが個人的なレベルでは、「うまくいかない」自分の運命や境遇に対して恨をもつのだが、その恨があるからこそ強く生きられる、恨をバネに生きることができるというように、未来への希望のためにもとうとするのが恨である。そうして生きていくなかで恨を消していくことを、韓国人は一般に「恨をほぐす」と表現する。

世俗的には、友だちどうしで誰かや社会への恨をぶつけたいだけぶつけ合い、「ああ、恨がほぐれるねえ」とかいったりする。しかしこういう場合は、ストレス解消の意味であって、正しい意味で「恨をほぐすこと」ではない。でもそれが、いかにも「恨」であるかのような感じになってしまい、陰々滅々たる「うらみぶし」をくりのべる不健康な精神状態に陥りがちでもある。

健康的なことでいえば、最近では二〇〇二年の韓国大統領選挙にも、この「恨の民族」の意識が大きく影響していたともいえる。

裕福な家庭に育ち、おそらくは挫折を知らずに終始最先端のエリート街道を突き進んできた李会昌《イフェチャン》に対して、盧武鉉《ノムヒョン》は貧困な家庭に生まれて大学に行けなかったにもかかわらず、独学で検定試験を経て弁護士にまでなり、以後も困難だらけの人生と立ち向かい、政治家になってからも並み居るエリートたちと闘っては勝ち抜いてきた。この対決で勝利した盧武鉉は、まさしく「恨の民族」のヒーローとなるにふさわしかったのである。

すでに大学生は社会のエリートだという現実が消え去り、就職すら困難な時代となって、若者たちが人物としての盧武鉉に惹かれたのはよく理解できる。盧武鉉は大統領候補に躍り出ることによって、若者たちに希望を与えてくれる身近な存在となったのである。

韓国の女は、自分よりも美人の存在があることによって「恨」を抱え、「恨」を抱えることによって「恨をほぐす」ことへ向かうパワーがより強力に発揮される。自分をより美人にしていく努力の過程は「恨」をほぐしていく過程であり、しだいに「恨」がほぐれていく実感が生き甲斐ともなる。

恨をバネにして生きる力が発揮されるのだけれども、逆にいうと「恨」がなければ生きる力が出てこない。恨をもちっぱなしで生きることにもなりがちである。

韓国人には恋人に冷たくされたりすると、恨みがましさの心情を延々と言い連ねたりする人が多い。恨をほぐそうとするからで、日本のようによくないことだとはされない。そこには一種の美意識があるとすらいえる。

李朝の時代に黄真伊《ファンジニ》という著名なキーセンがいたが、彼女は詩をよくすることでも名高かった。彼女の作った次の有名な「時調《シジョ》」（朝鮮固有の定型詩）は、その恨みがましさの美意識を見事に表現している。

いつの日にわたしの信義が失せ　あなたを欺いたというのでしょうか
月も見えない深夜　あなたがやって来る気配さえありません
秋風に　そよぐ葉音　わたしは自分の心をどうすることもできません

来る、来るといっておいてなかなかやって来ない恋人の両班《ヤンバン》に、じっと待っているばかりの心持ちの耐え難さ、その恨みがましい心情をぶつけたものである。描かれているのは、そのようにして恨をほぐしている女の心の美しさである。

日本人からすれば被害者意識が強いとなるかもしれないが、韓国人の恋愛感覚からすれば、それだけの想いを私はもっているのだという、積極的な愛の表現なのである。

美人がいかにも美人と振る舞う韓国

「美人病」の渦中にある、典型的な韓国女時代の私を思い出しながら、もう少し話をしてみたい。

あるとき、日本のある情報産業の会社の社長秘書と会う機会があった。女性秘書である。その頃の私は、会う相手が女性の場合、会ってみるまでどんなタイプなのかが、とても気になった。その当時の気分を率直にいうと、相手があまり美人だとこちらがみじめな気持ちになるが、そうでもなければ安心できる、ということなのだ。

何につけてもどちらが上でどちらが下かを決めたがる韓国人の対抗的な性《さが》は、「どっちが美人か」についても発揮される。当日、事務所を訪れた彼女を迎え入れて、私はスーッと気が楽になった。「それほど美人ではない」と思えたからだった。しかも、彼女がとても感じのいい女性だったことで、私の気分はいっそう楽になっていた。

早速ビジネスの話をはじめる。私は元気よく話をし、彼女のほうも十分に気が乗っている様子。私はとてもいい調子になっている自分を感じ、その心地よさを味わいながら、話はスムースに進んでいった。

話が一段落し、すっかり打ち解けて談笑しばし。私は彼女の顔をなんとなく見やっていて、はっとしてしまった。よくよく見れば、彼女は実に整った目鼻立ちをしている。かなりの美人なのである。それなのに、はじめのうちはとくに美人とは感じなかった。どうしたことなのだろうか。

同じような体験はそれまでにも何回かあった。そのときの彼女たちがそうだったように、かの社長秘書もまた、自分の美しさを際だたせる身なりや化粧を、そのたぐいの「おめかし」をまったくしていなかった。態度や姿勢にも華やかさが感じられなかった。韓国人的にいえば、美人としての自己表現があまりにも希薄であった。それが、私をして彼女を美人と気づかせなかったのである。

なぜ日本の美女たちは、みずからの美の財産を積極的に生かそうとはしないのか。なぜその美しき容貌を、より効果的にくっきりと浮かび上がらせ、艶《つや》やかな光で満たそうとしないのか。なぜ、天から与えられた美の恵みを存分に味わっている者の、颯爽《さっそう》とした態度を見せないのか。もったいないではないか。

私は長い間、日本の美しい女たちの、あまりに地味な身の処し方を不思議に思っていた。

彼女は自分の美しさをよく知っているはずである。しかし、彼女の美は私との間に壁を作らない、それと意識させることのない美だった。そうしたふるまいが自然に身についている。きっと、私に限らず誰でもが、ことさらに彼女を美人と意識することなく、気楽な心で応対できるに違いないと思えた。

ここには、「韓国には美人が多い説」を大いにもり立てる結果を生み出す、日本側の事情が見えている。自己表現の仕方が正反対なのである。

自分の美形をより強調して表現し、他者との差別化をいっそうはっきりさせようとする韓国の美女たち。自分の美形が表立つことによって他者との間に壁ができることを恐れ、できる限り華やかな装いを避けようとする日本の美女たち。そこには別なレベルでの美の洗練が行なわれているのだろうが、遠目から目立って引きつけるものではない。

韓国に美人が目立つのは当然のことなのである。

韓国の美人の前に日本の美人が色香を失う理由

日本の美人が目立とうとしないのは日本的な謙虚さの現れ、というよりは、そもそもが奥床しさに感じ入ることを喜びとする、日本人の感性のあり方からきているものだろう。それに対して韓国人の感性は、より直接的にやって来る刺激の強さを喜びとする。

たとえば、韓国語で「おいしい」は「マシタ（味がある）」と表現する。舌に感じる刺激の強さとか重量感が味の決め手なのである。色については、日本人が好む淡い中間色よりも、目に鮮やかな原色を好む。したがって、両者の美的な感性はなかなか波長が合いにくい。

さて現在、私はすっかり日本的な感覚になってしまったなと思う。服装から手持ちの小物類、部屋の装飾に至るまで、たまに日本にやって来る姉にいわせれば、「なんて地味なの、おばんくさいよ」ということになる。生き生きと舞うことのない死んだ色ばかりだといわれる。

居間のテレビの横にはいつも、韓国にいたときから好きだった生け花を飾っている。その花も、かつては色とりどりの鮮やかさを隠すことなく飾った盛花だったものが、いつしか、色の照り映えを抑えた清楚な挿花へと変わっている。からみ合わせた枯れ枝の下から覗く可憐《かれん》な花輪を、じっと飽きることなく眺めているときもある。また、こたつ掛けは、地味な色を使って小さな絵柄をいっぱいちりばめた民芸風のもの。その絵を一つ一つ見ながら楽しんでいることも多い。

あるとき来日した姉が、「プレゼントよ」といって、私の部屋に巨大な荷物を運び入れた。韓国製の布団だという。そして姉は、大きな袋から布団を取り出すやベッドの上にパッと広げた。その瞬間、私は思わず「あっ」と声を上げてしまった。

軽やかなふくらみに質のよさを感じさせるその布団は、目に痛いような五つの原色で鮮やかに染め抜かれた、チマチョゴリ風の生地に包まれていたのである。この五原色は古くから、チマチョゴリの基本配色として使われてきたものだった。

あまりに強烈な色彩の放射だった。部屋の隅々まで五つの色光が広がる。布団を背中にしていても部屋の中が輝いているような気分になってしまう。私はしばらくの間、身体の内側でいのちがぐんぐんと濃密さを増してゆくような感じがして、部屋中を跳ね回りたい衝動にかられていた。

私の部屋に飛び込んできた五つの原色の放射は、あっという間に私の部屋の中にあった、さまざまな和風の美を打ち消してしまった。生けた花はまるでゴミのように、こたつ掛けは古ぼけた使いふるしのテーブルクロスのように見えてくる。

華やかな色の圧力の下では、細部に宿る美はもはや生きていくことができない。一輪の花の美のために、庭に咲き乱れる朝顔の花をすべて切り取り秀吉を迎えたという千利休の故事を、リアルな思いで脳裏に浮かべた体験でもあった。

韓国の美人の前に日本の美人はやはり色香を失うのだ。

目鼻の輪郭を浮き立たせる濃く鋭角的な化粧、人目をそばだたせずにはおかない原色系の明るい服地、大胆なデザイン。視覚を強く刺激する挑戦的な派手さを基調とするファッションの圧力は、そこと知らずにほのかに漂うような美のありかへと心を向ける余裕を確実に奪ってしまう。

姉は一週間ほど日本に滞在したが、姉が国へ帰るやいなや私は、例の布団に日本製の地味なカバーを掛けてしまった。確かに、姉のプレゼントは落ち込みがちな私の心をずい分と浮き立たせてくれた。が、二、三日もすると、私は布団を見るたびに落ちつかなくなり、いらいらとする自分を感じたのである。

美人ならば歯が美しくなくては

韓国人の美意識は華やかさに加えて、「よく整理され磨き抜かれた清潔感や統一感」に強く焦点があてられている。あるとき、知り合いの韓国人ホステスは、私との雑談のなかで韓国人の女性美の特徴を次のようにいっていた。

「韓国人女性は清潔感があるというイメージがあると思います。韓国人はアジア人で一番清潔な民族といわれているでしょう?」

韓国人のいう「清潔感」は、通常の意味よりもう少し広い内容を含んでいる。それは一種の統一感のことで、ゴチャゴチャとした雑然さに対する整理整頓的な物事や身の処し方である。きちんとした身なり、統一のとれた服装とアクセサリー、机の上にやたらに私物を置かない、姿勢がきちんとしている、髪の毛をすっきりと整えている、などになるだろうか。

秋ならば、日本人の感覚からすれば「やりすぎ」と感じられるほどの、秋の季節に合わせた秋ずくめのトータル・ファッションで身を装う者は珍しくない。そのものズバリの「いかにも秋」では興趣をそぐというのが日本人の感覚だろうが、韓国人はそうした統一感によく整理された清潔感を感じるのである。

通常の意味でも、韓国人は清潔好きである。韓国の主婦たちは、床や食器や炊事道具を毎日毎日磨いている。服や下着は伝統的に煮て洗う。

韓国人はよく「日本人は上は磨くが下は磨かない」という。机の上は磨くが床はあまり磨かないということである。オンドル部屋は油を染み込ませた韓紙を分厚く貼り合わせて作られているので、磨くとピカピカとしたつやが出る。主婦たる者、このつやを常に絶やしてはならないのである。それに対して畳は磨くといったものではないだろう。

ホステスが話を続ける。

「韓国では『美しい歯は五福の一つ』といわれるように、歯をよく磨きますね。日本人はけっこういい加減にしか磨いていないんじゃないかしら。韓国では美人のポイントは目に加えて歯であり、歯の美しい人は美人だともいわれるでしょう」

日本人ならば、歯ではなく肌となるところだろう。美人といえばきれいな肌となるのではないだろうか。韓国では肌にはそれほどこだわらない。まずは顔の形、それから目の輝き、歯の輝きとなる。

「日本人も清潔好きな人たちだと思いますが、中国人ってそうじゃないですね。麺を揉むのに手にツバをつけたり、中華鍋はススだらけのまま、炒め物をした鍋をちょっと水ですすぐだけでそのまま使ってほかの料理をしたりします。清潔さよりも味なんでしょうけれど、調味料のビンなんかがベタベタしていても平気で使っていますよね」

韓国人は調理内容が変わるたびに、鍋を丹念に洗う。鍋をススで黒くするのは熱の吸収率を高めるため、ピカピカにすると吸収率が弱くなるという考えが、中国人や日本人にはあるかもしれないが、韓国人ではピカピカな外面美が優先されるのである。ご飯茶碗などに金属製の食器が好まれるのもそのためである。

美人はソウルに一極集中する

美人は韓国にいるというよりはソウルにいるのである。

ソウルはいうまでもなく、韓国の首都であり、最大の都市であり、国のすべての文化の中心地である。日本が東京を中心としながらも、さらに仙台、大阪、名古屋、京都、福岡などの地方都市を中心とする別個の文化形成を展開しているのとは、大きな違いがある。

韓国ではあらゆる文物がソウルへの一極集中を見せている。人口の実に四〇パーセントほどがソウル首都圏に集中しているため、韓国人の誰でもが、自分が住む隣の都市よりもソウルのほうがいっそう近くに感じられてしまう。

およそ五百年間にわたる李朝文化は、科挙制度（官吏登用試験）によって地方から人材をソウルに吸い上げ続けた。そして、文化を中心的に担った人々は、両班《ヤンバン》と呼ばれた特定の上流階級の者たちだった。中央に集まった両班たちの中から、地方を支配する役人が派遣されたが、派遣される地域がソウルから遠いほど、彼らの権威も低いものとなっていた。

ソウルは五百年以上前から現在に至るまで、ずっと国の心臓部であり、頭脳であり、政治と文化の中心地としての強力な求心力をもつ、すべての国民の憧れの地であり続けてきたのである。

かつては両班に限られていた地方出身者のソウル入りが、近代以降では誰にも自由になったため、誰もが両班の気分を味わおうとばかりにソウルを目指しての絶え間ない「都上り」を続けてきた。そのため、ソウルの人口は膨らむ一方で、いまだその動きは衰えを知らない。

大学ならソウルにある大学へ、仕事をするならソウルへ。これが地方生活をする者の子弟がまず第一に考えることである。そのため、自分の才能を最も生かすことのできるのがソウルだという通念が巨大に膨らんでいく。

同じことが美についてもいえる。美は当然ソウルの特権となり、ソウルが地方の美を引き寄せる。こうしてソウルに圧倒的に美人が多くなることになる。

美人の集まるソウルで、今度は美の競い合いが激しく闘わされる。その闘いを展開するための武器も訓練場も、それらの伝統的、近代的な道具仕立てのすべてがソウルに揃っている。美人を目指す女たちは、心おきなく自らの美の洗練に努力を傾けることができる。そこで美にはますます磨きがかけられていく。他者との関係のなかで、どちらが上でどちらが下か、それが韓国では最も切実にアイデンティティを支えるのである。

ソウルで一流の歓楽街を歩いてみれば、誰もが「韓国にはなんて美人が多いのか」との感想をもたずにはいられないといわれる。東京でも大阪でも、どの歓楽街へ行ってみても、これほどの美人の集中はまず見られるものではないともいわれる。韓国という国、ソウルという都市の歴史的な伝統がそうさせているのだ。

李朝の時代、両班たちはこぞって美人を愛妾に迎えた。下層の常民階級の家では、美人の娘があればキーセンに仕立て上げ、ゆくゆくは両班の愛妾にと考える親たちは少なくなかった。ソウルに住む両班たちは、選び抜かれた美しいキーセンをはべらせて酒宴を張り、とびきり美人の愛妾を抱えて地方の両班たちの羨望の的であり続けた。それが当時の朝鮮半島の多くの男たちにとっては、目指すべき上等なる男の甲斐性でもあった。

昔も今も、「美人を見たいならソウルへ、美人であればソウルへ」の公式に変わりはないのである。

八〇年代歌舞伎町ホステスたちの内面美

外面美について述べてきたが、韓国女性は内容の美をどのように考えているのだろうか。例として韓国人ホステスの場合をあげてみたい。ホステスは一般市民とは少々感覚が違うと思われるかもしれないが、外面的にも内面的にも、美についてはより自覚的であるだけに、その感覚では韓国女性の典型を見ることができる。

八〇年代の「男性版韓流ブーム」時代に、韓国美人を対外的に代表していたのは、なんといってもクラブやスナックなどで働くホステスたちだった。その当時、新宿歌舞伎町三〇〇〇人、赤坂三〇〇〇人超、上野二〇〇〇人といわれ、東京だけで一万人を超える韓国人ホステスが働いていた。バブル崩壊後、現在はほぼ半減状態となっているが、韓国クラブがそれだけの盛況を誇ったのはなぜだったのだろうか。

日本にやって来てホステスとなった彼女たちは、他の諸国からやって来たホステスたちとは身の処し方が大きく異なっていた。その特異性が、他の外国人ホステスにはない魅力となり、韓国クラブが大いに隆盛を誇る状況をもたらしていたのである。

ホステスで稼ぎながら実家に送金することでは同じなのだが、彼女たちは何よりも結婚相手の男を求めたのである。正式な結婚が無理なら、二号さん・愛人でもいいからなりたいと願う。そして仕事を辞めて「夫」に経済生活を支えてもらい、子どもを産んで母親となるのが彼女たちの夢だった。

女がひとりで生きていくことには耐えられない、自分の家族をもってこそ生きられる——そう考えるところに、自ずと韓国人ホステスの他の諸国のホステスたちとは異なる特徴が現れていた。

それは総じて韓国の女たちにいえることだが、身持ちの堅さ、真面目さ、情の深さ、気位の高さなどである。いずれも韓国の女にとって内面の美しさと感じられているものである。彼女たちはそれをそのまま表現していた点で、ホステスとしてはきわめて素人っぽくあったといってよい。

彼女たちはホステスというよりは、こまごまと夫の世話を焼く従順な妻のように客に接した。当時の韓国クラブの魅力について、「一途に男に尽してくれる古いタイプの『女らしさ』に触れられるのが何よりの慰安だ」と語る日本人男性は多かった。

彼女たちには、ホステスをしていながら、接客サービス業者として腕を磨こうという気はほとんどない。そうではなく、生活・精神の両面で頼りになるパトロンの囲い者になること、できれば正式な妻になること、それを最終目的にホステスとなった者が大部分だった。

私が彼女たちと深く接していたのはバブル経済の絶頂期で、パトロンから誕生日だからと一〇〇〇万円もらった、クリスマスだからと五〇〇万円もらったという話は当たり前のごとく耳にしたし、合計一億円くらいもらったという話も珍しくなかった。

私の生徒のなかには、二億円みつがせたという者もあった。それだけの大枚を彼女たちにはたいたのは、主として中小企業の経営者、なかでも不動産会社の経営者たちであった。彼らの間では、愛人一人に三〇〇〇万円使うのが相場だったともいわれる。

当時の韓国人ホステスたちのなかでの「成功者」は、そうしたパトロンを手にした者たちである。彼女たちは、高級マンションに住まい、韓国に家を建て、そのうえで一財産も二財産も残した。

私の生徒だったとびきりの美人が住む「億ション」に遊びに行ったことがあるが、居間には巨大な水槽があってたくさんの熱帯魚が悠々と泳ぎ、ベランダは熱帯植物を生い茂らせた二十数坪という豪華なもので、パトロンとの間の子どもの世話や家事のいっさいは韓国人のメイドを雇ってやらせていた。月々の手当は数十万円を超える生活費以外のお小遣いだけで三〇万円ほど支給されているといい、車は英国製高級車ジャガーであった。

恩返しという美意識

バブル経済が崩壊し、九三、四年くらいから、韓国クラブは急激に衰退していった。パトロンの会社がつぶれたり、経営難に陥って、援助金をストップされる者も続出した。働き先の店を失った彼女たちのなかには、貯めたお金でスナックや食堂を開く者もいたが、たいていは失敗した。

また、収入激減のなかでホステスを続けながらも、かつての派手な生活がやめられず、ポーカー博打にのめり込んだり、ホストクラブに通ったりして大きな借金を抱え込んだ者も少なくない。

以後もパトロンの援助が続いた者、韓国クラブや食堂などの経営者に転身して成功した者はごくわずかである。年老いていく彼女たちを雇う店は年々なくなっていく。美人ならばなんとか雇ってもらえても、並の器量だとそうはいかない。仕方なく韓国へ帰った者は多かった。

私の知り合いの韓国人女性の一人に、新宿歌舞伎町に大規模な韓国民俗伝統食堂を経営している者がいる。仮にSさんとしておくが、Sさんのもとには、「戦い敗れた」元ホステスたちからいろいろな相談事が持ち込まれるそうで、何かと力を貸してあげてきているという。

Sさんから聞いた話のなかに、韓国女性の美意識にかかわるとも思える、とても興味深いものがあった。それは、バブル崩壊で窮地に陥ったパトロンに「恩返し」をした者たちが何人もいるということである。

ある人は現在五〇歳だが、三〇代のときにパトロンの庇護を受けて生活をしながら子どもを産み、パトロン経営の小さな会社の仕事の一部を任されて働いていた。家を一軒与えられ自分の名義にしてもらったし、かつては誕生日ごとに一〇〇〇万円をもらっていた。そのパトロンが、バブル崩壊で莫大な借金を背負うことになり、心身共に疲れ果てて病気で亡くなってしまった。

一文無しで残された奥さんに代わって、自分が葬式の費用の一切をまかなった。それだけではなく、その一家に降りかかってくる膨大な会社の借金を自分が引き受け、自分でレストランを経営しながら、数年かかってすべてを返済したという。

別の一人は現在五〇代半ばで、パトロンからもらった三〇〇〇万円で韓国スナックを開いて成功し、かなりなお金を稼いでいた。一〇年近く前にその男の経営する中小企業が大きく傾いて窮地に陥った。そこで彼女は、男の借金の保証人になったり、自分も借金したりして、総計で一億円近くの援助をし続けた。

その結果、男の会社はなんとか立ち直ったのだが、それから間もなく男は他の女に走ってしまった。自分のほうは男のために した借金で苦しくなり、店を続けていくことができずに悔しい思いをしながら帰国したという。

Sさんは「だから韓国の女はだらしがないのよ」という。つまり、パトロンはパトロンだと割り切っていればいいのに、韓国の女はすぐに情がうつって相手を好きになってしまう、それで本気で尽してしまう、ということをいっているのである。「もっとも、そこに日本の男がはまっていくんでしょうね」と彼女はいっていた。

困難に打ち克っていこうとする美意識

先に述べたように、韓国人は恨があるからこそ強く生きられるというように、未来への希望のために恨をもとうとし、恨をほぐしていくことに喜びを感じる。その意味で恨は生活パワーの源であり、また恨をバネに艱難辛苦に耐えていくのが一種の美意識ともなっている。

とくに女性は、伝統的な家族制度のもとで忍従を強いられてきた歴史もあり、困難な状況に陥ればいっそうのこと力を発揮しようとがんばるものである。

Sさんはその典型ともいえる実にエネルギッシュな女性である。私とほぼ同い年でソウル出身、日本人と結婚して二人の子どもがいる。韓国の大学を出て間もなく二五年前に来日しているが、大学では産業デザインを専攻していたそうである。上の子が小学校へ入ったら、自分のデザインで店内装飾に工夫を凝らした韓国食堂をやりたい――これが長年抱き続けてきた夢なのだという。

Sさんは二〇〇三年十二月に歌舞伎町にとてもユニークな韓国民俗伝統食堂を開いた。店名は「烏鵲橋《オザッキョ》」、三階建ての、一階八〇坪、二階一五〇坪、三階七〇坪で五〇〇～六〇〇人収容できるという、日本の韓式食堂としては最大規模の大型店舗である。

広大な店内いっぱいに、古びた味のある頑丈な木材がおしみなく用いられて客席や天井が形づくられていて、伝統的な韓式民家の瓦、土壁、石積塀、敷石、韓障子などがこれまたおしみなく用いられて要所要所に設えられている。伝統民家の古材をふんだんに使った構成はとても見事なものである。

来日以後の詳しい足跡は省くが、そこにはひとくちではいえない辛くて苦しい人生体験が積み重なっていた。Ｓさんは六年前、わずかな元手に借金を加えて、歌舞伎町に隣接する百人町の職安通り沿いに約五〇坪の韓国食堂を開いた。故郷から料理自慢の母親を呼び寄せての開店である。

店名は現在と同じ「鳥鵲橋」で、やはり古材を用いた伝統民家調インテリアの店であった。店はすぐに評判をとって韓国好き常連客のたまり場のようにもなり、ガッチリ経営でしっかりと稼いでいった。

Ｓさんは次に事業の拡張を考え、「鳥鵲橋」の経営を続けながら別に集合店舗の建物を買い取って改装し、韓国の食料品と雑貨を売るミニスーパーをはじめた。好成績の「鳥鵲橋」の売り上げと自分の信用をもとに、莫大な借金を組んではじめたことだったが、経験のなさからさまざまな面でうまくいかずに半年で行き詰まってしまった。大ショックどころではない。人生の破滅がやって来たと思わずにはいられなかった。しかしそこでSさんは、逆に開き直る気持ちになれたという。

それで手がけたのが、スーパーのスペースを利用して、そこに大型「韓国民俗伝統食堂」としての「烏鵲橋」を作り出すことだった。Sさんは職安通りの「烏鵲橋」をはじめたときから、いつかは大店舗化するつもりで、韓国へ行くたびに、古い民家を解体した古材を扱う業者から、さまざまな材料を買い集めていた。

内装の設計は、専門の設計士ではなく、韓国の「重要無形文化財」で古典笛の演奏家李《イ》生剛《センガン》氏の協力を得た。彼は韓国の民俗文化の研究家としても名高いそうである。自分が考えたスケッチを何回も彼に送り、綿密なチェックをしてもらった。木の組み方から瓦の重ね方、石の積み方に至るまで、李生剛氏の指摘を受けつつ、自分が現場に立って細かく指示を出しながら進めていった。

結果は大成功。宣伝はいっさいしないが、客の口コミで評判が広がり、テレビや雑誌の取材が次々に入ってきた。ある雑誌では「日本でもっとも美しい店ベストテン」のなかに、韓国食堂としては唯一ランクされもした。料理はすべて母親の指示のもとで作られている。母親がいうには、「自分の夫にするようにお客さんに気を遣いなさい、自分の家族に食べさせると思って料理を作りなさい」とのこと。いつも「心が入らなければ味が出ない」と、調理現場に檄を飛ばしているという。

店名の「烏鵲橋」は、日本にも朝鮮にも伝わっている、中国神話に登場する牽牛《けんぎゅう》と織女の二つの星の物語にちなんだものだ。

七月七日の夜に二星が出会うとき、鵲《かささぎ》が翼を並べて天の川に渡すという想像上の橋を日本では「鵲の橋」と名付けている。鵲はカラス科の鳥で、日本では朝鮮ガラスともいうそうだ。伝説の内容は日本とはちょっと違っているが、基本的には同じもので、この橋を韓国では「烏鵲橋」というのである。男女の仲をとりもつ橋ともいわれる。

Sさんの命名の気持ちは「日本と韓国を結ぶ愛の架け橋になりたい」と店のパンフレットにある。日本を第二の故郷として生きていこうという、自分自身の思いも一緒に込められているに違いない。

強力な渦巻き型の競争社会

Sさんのような成功は誰にでもできるものではないが、そのパワフルな上昇志向は多分に、韓国伝統の一極集中社会のなかで養われたものといってよいだろう。

韓国の一極集中社会について、戦後間もない頃の韓国に外交官として駐在したことのある、アメリカ人の韓国研究家が的確な分析をしている。その人は、韓国社会を動かす力学は「社会のあらゆる活動的分子を、権力の中心へ吸い上げる一つの強力な渦巻」だというのである（グレゴリー・ヘンダーソン著／鈴木沙雄・大塚喬重訳『朝鮮の政治社会』サイマル出版会・一九七三年）。

このいい方は私にはとてもよくわかる。どういうことかというと、横のつながりを失った無数の極小集団（主として家族）が、それぞれ自分たちの利益を目指し、中心の権威にできる限り接近しようとして、猛然と突き進む一極集中パワーによって、韓国社会の統一性が保たれている、ということである。

そういう上昇志向から、小さな個別競争にしのぎを削り合う社会が韓国の伝統的な社会だった。韓国人女性たちの過激な「美人競争」も、まさしくこの伝統に由来している。

このようにして歴史的に育まれてきた国民的な性格は、どうしても攻撃型になっていく。そういえるように思う。

そういうことでいえば、韓国人には自然の流れを泳ぎ渡り、外部の力をはねのけていこうという「攻めの意識」が強く働いている。それに対して日本人には、自然の流れや自分の外の力に対する「受けの意識」が強く働いていると感じられる。

この、互いに正反対のタイプの人間が向き合うとなるとどうなるか。韓国人には日本人がとても弱々しい人間に見えるのである。そこで、次のような誤解というか錯覚が生じることにもなる。

世界には二大不可思議がある。日本に行って日本人一人一人を見ると、どこか足りなく見え、顔形もまあまあです。そんな印象なのに、どうしてこういう人々が集まって、世界的な経済大国を作ることができたのか。これが不可思議の一つですね。逆に、もう一つの不可思議があります。韓国人は一人一人見ると、絶対に日本人に遅れてはおらず、むしろ進んでいます。そういう立派な人々が集まって作った社会がなぜ過去に日本に支配されるほど弱い国であったのか。これまた不可思議の一つですね。結局、日本の集団主義と韓国の個人主義の差が今日の国力の差となったのだといえます。

（李《イ》御寧《オリヨン》『月刊朝鮮』一九八二年六月号）

ようするに、一人一人ならば韓国人のほうが強いのに、集団となると一人一人では弱い日本人のほうが強くなる、というのである。これほどおかしな理屈はないのに、たいていの韓国人はそう感じているし、このように韓国一流の学者までがそう見てしまうのである。

強い者が集まれば弱い集団ができ、弱い者が集まれば強い集団ができるなど、世界のどこにそんな事実があるというのだろうか。

なぜそんな見方になるのかというと、日本人はとかく、物事に対して受け身の立場に立とうとする傾向が強いからである。自己主張をぶつけ合ってお互いを知り合おうとするよりも、できるだけ共通点を探して協調し合おうとする。そういう国民性があって、それが外国人には「主体性のなさ」と映ってしまい、日本人はいったい何を考えているのかなかなかつかめない、という問題が出てくることにもなっている。

それに対して、韓国人は能動的にいいたいことをどんどん主張する「攻めタイプ」の国民性の持ち主である。日本人とは正反対。そこで「日本人は個人では弱い」という印象になるのである。

たとえば自国の経済成長について、韓国人ならば「これだけの経済成長をとげたのはわが民族の偉大な力のため」と表現する。日本人ならば「とにかく懸命に働いてきたら知らないうちに経済成長をとげてしまった」と表現する。

また自分の会社の発展について、韓国人企業家ならば「私はこれだけ努力をして会社を発展させてきた」と表現する。日本人企業家ならば「会社がこれまでに発展したのはみなさんのおかげです」と表現する。

こんな対比は極端だといわれるかもしれないが、しばしば耳にすることは事実である。そして、お互いにそうした相手の表現に接するたびに、「なんて尊大な態度か」、「なんて卑屈な態度か」と感じてしまうことにもなっている。

美人を巡っても同じことがいえるだろう。

完璧なる美を求める韓国人、不完全な美を求める日本人

日本でひとくちに美人といっても、二〇代の美人、三〇代の美人、四〇代の美人ではそれぞれに美のあり方に違いがある。また、そのセクシーな魅力についても、溌剌《はつらつ》とした肢体、艶やかな装い、清楚に漂う色香、などのことばもあるように、多様な広がりを作り出している。

しかし韓国では、少々極端にいうならば、女の性的な魅力は、二〇代の肉体的な若さ、そこ一点に集中している。

女に美的な魅力があるのは、韓国では普通、結婚前の二〇代からせいぜい三〇代前半までであり、全盛期は二〇代の前半と感じられている。韓国の男たちの多くは、そろそろ四〇代に手が届こうかという女を「美しい」とはいわない。もしいったとしても、それは主観的な興味を離れた社交辞令以外のものではない。彼らは日本の男たちのように、「あの美しい中年のご婦人にはなんともいえない色気がある」などとは、まずもっていったためしがないだろうと思える。

日本の男たちが、中高年の女性に強く求めているのは、何にもまして優しさであるだろう。ほのかな色気を漂わせている中年のご婦人から、こよない優しさを一途

に向けられたとしたら、ほとんどの日本の男たちは、若いとびきりの美人と付き合うよりも、喜んでご婦人のほうに飛び込んでいってしまうのではないだろうか。

もちろん、韓国でも優しい女が好かれることに変わりはない。しかし、中年の彼女が若き美人に勝ることはきわめて少ないように思える。私の周囲の女たちの話からも、韓国の男に浮気がはじまるのは、日本の男たちのように「優しくしてくれない」といった精神的な理由からよりは、妻の肉体の衰えからであることが圧倒的に多い。そのことを、韓国の女たちはよく知っている。

だから韓国の妻たちは、若々しい肉体をいかに保持し整えるかに執念を燃やす点で、日本の妻たちの比ではないのである。

なぜそこまで若々しい肉体に執着するのか。これには、韓国人の美意識がかなり大きくかかわっている。「若々しく美しい肉体」とは、ギリシャ彫刻の美にも通じる理念的な「理想美」の別名である。そこにあるのは、理念と実体の合致へ向かおうとする、無意識の欲望の強さである。

大正時代に日本を訪れて古代日本の仏教彫刻に親しんだオーストリアの美術家カール・ヴィット氏は、美の「朝鮮的様式」について次のように述べている。

左右対称、素材の凝縮、素材の持つ特性の排除、象徴的なものに対する志向、造形における理念と形態の合致等を通して安らぎが与えられている。

（「日本仏教彫刻」一九二〇年／法隆寺発行『百済観音』）

実に的確な指摘であり、現代韓国人の美意識にもそのまま通じるものだ。そのためこの文章は、韓国女性がどのような美意識から美容と向き合っているのかを、すぐれて物語ったものとしても読めてしまう。

日本人はこうした理念的なすきまのない美よりは、左右非対称な歪みやズレを好み、素材の持つ特性を生かした美を好む傾向が強い。それらを通して「安らぎが与えられている」から、韓国人ほどには「若々しく美しい肉体」へと執着することがないのではないか。

韓国人は日本人とは逆に、理念的なすきまのない美を好み、それらを通して「安らぎが与えられている」。だから、理念的な美への接近感覚を身体で感じられる美容によってストレスが解消されるのである。

日本人の美的感性は、初発の瑞々《みずみず》しさから朽ち果てる前の枯れた状態に至るまでの「自然に移ろうさま」のさまざまなプロセスに感応している。しかし韓国人の場合は、瑞々しい若さ・強さ・豊かさなど、非の打ち所のない最盛期の理想的な美へのほぼ一極集中を示す。

日本人の多くは、真っ盛りの若さばかりではなく、まだ固い蕾《つぼみ》にも、萎れた花や枯れ木にも、それぞれの味わい深さを感じるのではないか。完璧なる理想と自らの不完全な境遇とのズレを埋めたい気持ち、その強さが韓国人の伝統的な美容意欲になっている。それに対して日本人は、そのズレを引き受けて、不完全さなりの美を求めて生きようとするところがある。日韓の女性たちの美容観にも、そうした伝統的な美意識の所在を感じとることができるのではないだろうか。

韓国人の美容観は、「自然な生まれつきに価値を求める」伝統的な儒教社会に根をもっている。人間が男であるとか女であるとか、誰の血をひいているとか、どこの土地の出身だとか、美人だとか美人でないとか——いずれも、本人にはなんの責任もない自然な生まれつきの問題である。けっして社会の問題、社会的な人間の問題ではない。古い時代のことならいざ知らず、韓国社会では、いまなおそれが社会の主要な差別性としてあり続けている。

儒教的な考え方には、「身体髪膚は両親からのいただき物で、傷をつけるなどけっして粗末にしてはいけない」という倫理がある。この自然な生まれつきを、いっそうのこと大切に磨いていくのが本来の美容の心得である。しかしながら、自然なあり方が社会のなかで大きな価値をもつところで、極端な「磨き過ぎ」でしのぎを削り合う事態が生み出されてしまうのだ。そして、気が付いたときにはすでに両親からいただいた身体を大きく傷つけているのである。

自然な人のあり方と社会的な人のあり方が、しっかりと区別されて調和を形づくっている社会――韓国が目指すべきはそうした社会の建設ではないだろうか。

終章　ジャパナイゼーションあっての韓流ブーム

日流の刻印を受けた韓流

日本での冬ソナ人気の拡大は、韓国文化のあくの強さが弱められていて、「懐かしい日本」の香りがそこかしこに感じられるような仕上がりになっていることがとても大きいと思う。なぜ「懐かしい日本」が韓国ドラマから感じられるのだろうか。

韓国では日本の「漫画・アニメ・映画・テレビ／ラジオ番組・ビデオ・レコード／CD／テープ・ゲームソフト・歌謡公演」などの大衆文化が、一九九八年一〇月から二〇〇四年一月まで、四段階にわたり開放が進められてきた。残るは劇場用アニメと地上波テレビの日本単独製作によるドラマおよびバラエティー、トークショーなどの娯楽番組だが、そのうち劇場用アニメに関しては二〇〇六年一月に開放された。

このようにほぼ九割方、日本の大衆文化が開放された二〇〇四年秋の時点で、韓国の新聞は次のように首を傾げてみせた。

しかし当初の心配とは異なり、フタを開けてみると「禁忌に対する好奇心」の余震は大きくなかった。現在、韓国で「日流（日本文化ブーム）」はない。なぜだろうか。

（『朝鮮日報』二〇〇四年一一月九日）

日本の大衆文化の開放の結果、起きたのは日流ブームではなく韓流ブームだった、それはなぜなのか、というのである。日本側の非積極的な売り込み姿勢、若者たちの好みの違いなどの理由が挙げられているが、もっと重要な理由を述べることが意図的に回避されている。

もっと重要な理由とは、日本の大衆文化はずっと以前から事実上開放されており、韓国の四〇代半ばくらいまでの世代は、まさしく日本の大衆文化にどっぷりと浸かって育ってきたということである。そしてさらに重要なことは、それらが日本のものであることを知らされずに、韓国のものだと信じて育ってきたということである。

韓国のタレント、ユンソナもテレビでそういっていたが、彼女と同世代の私の姪も、日本に来てはじめて「ドラえもん」が日本製アニメであることを知って心底驚いていた。のび太君の家の畳の部屋に気付かなかったのかと聞くと、「いわれてみれば、そうね……」という具合である。韓国の詩人・建築家のハム・ソンホ氏は、自分が日本の漫画で育ったのだと知ったときの気持ちを、率直に次のように語っている。

［韓国の］三、四十代の人たちは「少年アトム」が一九七九年までの二八年間、日本で連載された「鉄腕アトム」の翻案であったことを知らなかった。「少年アトム」が実は日本の漫画だったという事実に、幼いながら裏切りに近い衝撃を覚えたものだ。……しかし、アトムだけではない。初めて私の神話的想像力を刺激した「火の鳥」や「ジャングル大帝」まで、すべてが日本の漫画だったという事実は、それらが全部韓国の漫画だとばかり思って、耽読していた私を深い劣敗感へと落とし入れた。

（『朝鮮日報』二〇〇二年一〇月一八日）

日本の大衆文化は、映像についても音楽についても、さらにはキャラクターグッズ・菓子・清涼飲料水・ゲーム機などの大衆商品までも、無数の違法な海賊版・剽《ひょう》窃《せつ》版を通して、一九七〇年前後から現在に至るまで、次から次へとすさまじい勢いで韓国へ流れ込み続けてきた。韓国の大衆文化は、その「実名」を隠された日流によって形成され、日流の発展を韓流の発展として歩んできた。

したがって、日本の大衆文化が法的に開放されたからといって、とりたてて日流ブームが起きるわけもないのである。この四〇年間が、そもそも事実上の日流ブームだったのである。

冬ソナが日本で大好評を得て、これをきっかけに起きた韓流ブームといわれる現象は、何よりもまずそこからとらえ直されなくてはならない。

冬ソナの脚本を書いた二人の女性（二〇〇六年二月現在三二歳と三一歳）は、少女時代に熱中した日本のアニメ『キャンディ・キャンディ』から大きなヒントを得たと語っている。またストーリーや映像手法は、さまざまな指摘が行なわれているが、明らかに日本の純愛映画などの多大な影響を受けているといってよいだろう。日流の刻印を受けた韓流のなかでも、冬ソナは和韓折衷がより強く見られる作品である。

冬ソナのモチーフは、明らかに「大人向け少女ロマン主義」の世界である。宝塚から少女漫画への流れのなかで、日本に根付いてきたジャンルといってよいだろう。もちろん、韓国にはなかったものだ。

日本では一五歳以下向けの内容の少女漫画を大人の女性たちも読む。しかし一五歳以下向けの内容がそのまま、二〇代の大人たちを登場人物とするテレビドラマで展開されることはなかった。指が触れ合うだけで胸がときめくという、そこまでの純愛となると、登場人物はまさか二〇代というわけにはいかないと考えられたからである。

冬ソナが「そこまでの純愛」を大人を主人公とするドラマで展開したのは、日本では破格のことだったかもしれない。しかし韓国では別段珍しいことではなく、そもそもはそれが韓流恋愛ドラマの「様式」なのである。

すでに述べたように、韓国では二〇代だろうが三〇代だろうが、肉体関係を伴わないのが愛（サラン）である。韓国で男女の愛をテーマにした物語は、伝統的にそういう意味での純愛物語としてしか成り立ってこなかった。日本のように古代から『源氏物語』のように性愛を描いた物語の伝統があった国とは、およそ基盤を異にしているのである。

人間を結婚以前と以後ではっきりと区別し、独身であれば一〇代も二〇代も結婚以前の童女、童男として「女らしく」「男らしく」あるべきことでは何の変わりもないという、伝統的な社会理念が韓国には今なお根強くある。もちろん現実はかなり大きくズレてしまっているのだが、台湾や中国でも事情はほとんど同じといってよいだろう。

「自由化の危機」が韓流を生み出した

私は日本に来た当初、日本の映画やテレビドラマに、ある種のまどろっこしさを感じていた。何をいいたいのかすぐにわからず、考えさせられることが多かった。それで、文芸作品などを中心に片っ端から見ていって、しだいに慣れ親しんでいった体験がある。韓国の作品よりも登場人物の心理がずっと細かく複雑で、そこに分け入っていくにはかなりの想像力を要求される。登場人物の重要なコミュニケーションが、主に表にそれとは現れない内的なものとして展開されていることが、最大の原因だと思う。

それに対して韓国製の作品でのコミュニケーションは、もっぱら、見たまま、聞いたままの外的なもので直接示されるから、頭が疲れない。内容は単純明快で、登場人物の性格もメリハリがはっきりしていてわかりやすい。

韓国の映画評論家チョン・チャンイル氏は、「韓国映画が素材面で非常に破格的で刺激的でありながらも完成された映画が国際的普遍性を備えている一方で、日本映画は個性がはるかに強く韓国の観客とコード（価値観・好み等）が合わない面がある」（『朝鮮日報』二〇〇四年一一月九日）と指摘している。

なるほどと思う。「素材面で非常に破格的で刺激的」というのは、現実にはとうていあり得ない出来事の頻発、五感を強く刺激する官能的な手法などのことである。

また「国際的普遍性を備えている」というのは、ハリウッド映画と同じように単純明快なわかりやすさがある、ということにほかならない。「日本映画は個性がはるかに強く」というのは、私のいったような意味での「わかりにくさ」だと考えればよいだろう。

この点で『シュリ』（一九九九年）などの韓国アクション映画に対して、ハリウッド映画界からは「コピーウッド」作品だとの批判が行なわれてもいる（アメリカの『Variety』誌など）。

たとえば『シュリ』では、ハリウッド映画を彷彿とさせる、都市中心部を広く駆け回っての派手な銃撃戦が展開されている。日本の東京都などでは交通事情などの関係からまずロケを許可しないだろうが、韓国では現在の政府が国内映画産業を積極的にバックアップしていく政策をとっているために可能となったことだ。

九七年十一月末の通貨危機以降、ＩＭＦ管理下で経済自由化を促進させられてきた韓国では、スクリーンクォーター制（韓国映画の上映日数を義務づけ、ハリウッド映画の独占化を阻止することを目的とする制度）を縮小・廃止していく道を考えざるを得なかった。

韓国映画界はこれに対して大規模なデモまで行なって反対を唱えたが、自由化の流れに抗することはできなかった。そこで、「韓国映画はそれまでのシェアを維持するためにハリウッド映画をそのままコピーしている」とアメリカから文句が出るような作品が、次々に作られていったのである。

九八年からは、ハリウッド映画に加えて日本文化の開放も促進していくことになっていた。こうして九八年以降の韓国芸能界は、アメリカと日本の映像文化に対してハンディ抜きの勝負をしていかなくてはならないという、これまで体験したことのなかった大きな危機の時代に直面したのである。

韓国芸能界がこの危機克服に向けて「自由化のなかで一番がんばったのは芸能界だ」といわれるほどの努力を傾け、国もかつてなかった大きな支援をしていったのはたしかなことである。どこまでがコピーなのか、剽窃なのか、カスタマイズなのかには議論が多々あるところだが、いずれにしても、日米という先行する大衆文化のキャッチアップを軸に、国際化に耐えうる韓流づくりへと芸能界の総力が集中されていったのである。

その結果の成功というべきだろう。一九九九年に『シュリ』が半年間で観客動員数百三十万人を記録し、日本でも一〇億円を超える興行収入を達成した。続いて二〇〇二年に連続テレビドラマで新しいタイプの作品が生まれた。それが、ＫＢＳの『冬の恋歌』(『冬のソナタ』)である。

『冬の恋歌』は放映一カ月で一〇〇〇万件を超えるという前代未聞の番組サイトへ

のアクセス数を記録し、すぐに全ドラマのなかでの視聴率トップの座に躍り出た。当時の韓国の連続ドラマでは、歴史物が圧倒的な人気を博していたのだが、『冬の恋歌』はその時間帯（夜九時五〇分〜一一時）にぶつけて、ＳＢＳの『女人天下』から一気にトップの座を奪ったのである。『女人天下』は、華麗な映像を駆使して李朝の宮廷女官たちの「権力争い」を描いたドラマである。

『冬の恋歌』の最高視聴率は二八・八％で、一極集中の傾向が強い韓国では飛び抜けて高いものとはいえない。それでも、ペ・ヨンジュンのマフラーやヘアースタイル、チェ・ジウの変わった形のボブ（襟首あたりまでの短い髪型）などが大流行して、ちょっとした社会的なブームにまでなった。これは韓国ではまったく新しい現象であった。

韓流ブームと感覚の高度化

『冬の恋歌』は二〇〇二年中に、台湾、香港、シンガポール、マレーシアでも放映されて好評を博し、韓国のロケ地に放映されたアジア各地から関連ツアー客がたくさん訪れるような状態まで生まれている。これで、アジアに韓流ブームが起きたと韓国ではかなりの話題になったものである。後に中国でも放映され、良好な成績をおさめている。

日本での『冬のソナタ』と題しての放映は、このアジアでの成功をにらんで一年後に行なわれた。二〇〇三年四月から放映（NHKBS2）、同年十二月に再放映（同）と続いたが、本格的にブレイクしたのは二〇〇四年四月からの再々放映（NHK地上波）によるものであった。他のアジア地域でのスムースな成功とは、その点が大きく異なっている。ただ、日本でのブレイクぶりは、他のアジア地域とは比較にならないほど大規模なものであった。

日本での執拗なまでの放映は、視聴者の要望もあったとはいえ、やはり二〇〇五年の「日韓友情年2005」へ向けた、政府・電通・NHKが一体となっての「文化戦略」があってこそなし得たものというべきだろう。その点ではきわめて幸運な成功であった。

アジアの大衆文化市場は、先行する日本製のアニメ、劇画、ポップミュージック、映画、テレビドラマなどのリードで切り開かれてきた。アニメや劇画ははやくから浸透していたし、NHKの連続テレビ小説『おしん』（原作・脚本／橋田壽賀子／一九八四年）のように、あっという間に東アジア全域で好評を博し、インドから中東にまで感動の渦を巻き起こすというようなことも、たびたび起きていた。

しかし、本格的なアジアの大衆文化市場の形成は、八〇年代末頃からの速いリズムのポップミュージックの流行に象徴させることができるだろう。

八〇年代半ば頃までは、アジアで8ビートのリズムが大衆性をもっていたのは日本だけで、他の諸国ではいまだ4ビートどまり、8ビートには「感覚がついていけない」状態にあった。また、日本以外ではポップスは西洋直輸入のものばかりで、和製ポップスのように自国製の作詞作曲による作品はほとんど登場していなかった。おおむね、そういう状態であった。

現在のように、8ビートや16ビートの速いリズムの曲までがアジアの若者たちの間に広がり、自国製ポップスがたくさん生み出されるようになったのは、若者たちを中心とする感覚の高度化がもたらされたためである。

消費文明は、単に物が溢れる文明としてではなく、いかに人々の目や耳や舌や皮膚の感覚に心地よさを与えていくかを目指す文明として発展していく。そのため消費文明は、人々の映像感覚、音感、味覚などの感覚をより高度なものへと引き上げていく。と同時に、共通な消費の対象としての大衆文化が国や民族を異にする人々を横断して広がり、とくにその先端にある若い人たちを感覚的な共通性でつないでいく。

アジアは九〇年代から、本格的にそうしたより高度な感覚を楽しむ時代へ突入していった。

アジアでは海賊版を含めて日本製の作品のキャッチアップが精力的に展開されて

いったが、これを最も早くから徹底的に展開していったのが韓国である。ただ、その「日本国籍」は隠されたままであったのだが、ともかくも、そのため韓国では、意識的にせよ無意識的にせよ、和製作品の物まねを軸とする多くの「感覚商品」が作られてきた。

そうした和製を手本にした技術的な進歩が重ねられ、そこに韓国テイストが加えられ、やがては日本消費社会の高度な感覚に耐えられるレベルが獲得できれば、日本市場でも十分受け容れられる「感覚商品」の誕生となっていくのが道理である。そこへ向かおうとする自然な流れのなかで、韓国が国の文化戦略として、最も力を入れてきたのが映画であった。テレビドラマもその延長線上で作られてきた。

冬ソナの成功にはじまる韓流ブームは、韓国消費文明の感覚が日本消費文明の感覚とようやく接点をもてる程度に高度化し、そのレベルでの「感覚商品」を韓国が作り得る力をもったことを意味している。

このことはすなわち、科学技術分野での家電製品などと同様の、いわゆるアジアから日本への「ブーメラン効果」が大衆文化の分野でも起きはじめたことを意味している。韓流ブームは部分的にではあるが、そうした事態の発生を告知しているといえるだろう。

韓流ブームの底には日本回帰がある

今の韓流ブームがはじまるずっと以前から、ビジネスや観光で韓国へ行ったことをきっかけに、どんどん韓国への興味を深めていって、ついには「韓国オタク」というしかないほど韓国にはまってしまう日本人は少なくなかった。韓国人からすれば、どこがそんなに面白いのかと思うのだが。

私は今から十数年前、語学教室や日韓のビジネス通訳をやっていた頃の一時期、そんな人たちのグループとよき付き合いがあった。みなさん、大企業の幹部社員、弁護士、弁理士、テレビマン、新聞記者など、そうそうたる第一線の人たちだった。

話の内容をよく聞けば、ほとんどは異文化体験に類するもの。そして話題はしだいに、習慣や価値観の違いからくる「大いに笑えるとんでも話」となっていくのである。それでみなさん、「これだから韓国人との付き合いは止められない」という。なぜそんなに韓国人の話で盛り上がるのかずっと不思議に思っていた。

だんだんとわかってきたことは、そこには一種のオリエンタリズムが含まれているのではないか、ということだった。オリエンタリズムとは、西洋人のオリエント（東洋）の風俗や事物に対する趣味や好奇心のことである。物珍しさから入って、東洋人の称賛から蔑視まで、自らの文明批判から優位性の誇示まで、一八～一九世紀前半期を中心とする当時の西洋人たちの幅広い東洋趣味といってよいだろうか。

西洋人は近代以降に東洋と接していくなかで、東洋のなかに「西洋ではすでに消え去った古い文化や精神性」を感じていった。それは、一面では「純粋さ、誇り高さ、素直さ、勇敢さ」などの賞賛すべき「高貴なる精神」であった。と同時にそれは、「無知、粗野、稚拙、下品」などの救済すべき「哀れなる精神」でもあった。

その意味では、古代日本の都の貴族が関東や東北の地に純朴なる鄙《ひな》の心を思ったのも、古代中国の知識人たちが東方の文化果つる地の人々の心の清さを思ったのも、同じようにオリエンタリズムだといえた。

そうした西洋人のオリエンタリズムに対して、エドワード・サイードは『オリエンタリズム』(一九七八年／邦訳平凡社・一九八六年)で、英文学を題材に、一般にオリエントとされているものは、西欧的な文脈のなかでとらえられたオリエントであって、オリエントの本当の姿ではない、それは西洋のオリエントに対する思考と支配の様式＝オリエンタリズムにほかならないと論じた。

西洋人のオリエンタリズムに対して、日本人の韓国に対するコリアニズムもあるように思う。一様にそうだというわけではないが、日本人に特有な韓国趣味があるのはたしかなことだと思える。

かつての男性版「韓流ブーム」の心理は、「日本にはもう、そんなに男を立ててくれたり、身のまわりのことに気を遣ってくれたり、けなげに一途な愛情を向けてくれるような女はいない」という、韓国人女を通しての「異文化ショック」であった。

それが酒場でのサービスであってもなお、日本の女からはすでに失われたと思える懐かしい「女らしさ」が感じられ、多くの日本の男たちが彼女たちに惹かれていったのだと思う。そうした求め方の裏には、オリエンタリズムそのものではないにしても、やはり「高貴なる精神」「哀れなる精神」を思う心情が無意識のうちに張り付いていて、「守ってあげたい」という父性的な精神を心地よく刺激していたはずであった。

九〇年代以降からの日本は、江戸時代の文化や明治・大正・昭和時代の文化が、強く現代に反復していく文化現象が、もはや一時的なブームというよりは一つのジャンルとして定着した感じがある。序章でも述べたように、「懐かしい日本への回帰」といわれるが、韓流ブームはこの流れと軌を一にするものだと思う。

ヨン様ファンの日本の中高年女性の多くは、それが演技であってもなお、懐かしい「男らしさ」のイメージに惹きつけられ、また「守ってあげたい」という母性的な精神を強く刺激されているようである。今の韓流ブームは、「日本回帰がもたらしたコリアニズム」の要素を多分に含んでいると感じられる。

とくに序章で述べた古典的な教養人タイプのファン層は、意識的にせよ無意識的にせよ、男に対してある種の「高貴なる者の義務」を求める、「反フェミニズム」感覚の持ち主ではないかと私は感じている。

私があちこちと聞き回ったところでは、ファンの半分以上がこの層であり、この層を抱えられたことが韓流成功の決定的な要因だと思う。そして、多くの男たちがこのことに気づいておらず、「うちのカミさんはいったいどういうわけでヨン様なんかに入れあげているのか」と首を傾げている。

現在の私が感じているのは、「失われた古きよき日本」を現在に連れ戻したいという気持ちが、日本人の間でとても強くなってきているということだ。私にはその点にかかわってくる限りにおいて、韓流ブームが興味深い。もちろん、同じ思いから逆に韓流を嫌う人たちも少なくない。その違いは結局のところ、虚構に「だまされたい気持ちの強い人」と「だまされたくない気持ちの強い人」の違いではないかと私は思っている。

合わせ鏡としての隣人に日本人のアイデンティティを発見する

日本人が韓国にオリエンタリズム的な感覚を抱くことがあるのは、すでに近代社会に突入して久しい位置から眺めると、韓国が映し出す「前近代性」に懐かしさを感じさせる面が多々あるからにほかならないだろう。

しかし日本人が韓国に興味を抱くのはそうしたオリエンタリズム的な感覚ばかりではない。きわめて水平的で独特な相互の眺め合いが、日本人と韓国人の間にはあるのである。これを私は「合わせ鏡の関係」といっているが、日韓がお互いに相手を気にし合う関係の本筋がこれである。

人と人との関係には、お互いに相手の中に自分を見るという鏡のような関係がある。さらには、合わせ鏡のような関係を感じさせられるときもある。

自分の前にかざした鏡に、後ろからもう一つの鏡をかざして映し合わせると、自分の後ろ姿が見えてくる。それが合わせ鏡である。この自分の後ろ姿は、「無意識の自分」あるいは「見えていない自分のアイデンティティ」であり、ふとそれを気づかせてくれる相手というのがあるものだ。

私は日本で生活していくなかから、これまで見えていなかった（気づいていなかった）韓国が見えてきた。日本人にもそういう感覚があるのはたしかなように思える。

日本人と韓国人はお隣どうしの国民だから、いろいろとよく似た面があるのはいうまでもない。顔つきや身体つきはもちろん、気候や風土にもそんなに大きな違いがない。ご飯の炊き方も同じだし、椅子を使わない座位生活の伝統も同じなら、仏教や儒教をはじめ中国文化から多大な影響を受けてきたことでも同じだ。その他、年中行事、民俗信仰、生活習慣などで共通することは数多い。

そういうことでは、外面的に日本人と韓国人は世界で最も近い間柄にあるといえるかもしれない。ところが、互いに立ち入って実際面を知っていくと、文化、習慣、価値観などでかなり大きな違いがあることがわかってくる。

しかも、日本ではよくないことが、韓国ではよいことになるという、正反対になってしまう違いがかなりある。こうした体験を通して自分の後ろ姿が、つまりそれまであまり意識していなかった自分が見えてくる。これが合わせ鏡の関係である。

わかりやすい例を一つ。インド人の女性が、立て膝をついたりあぐらをかいたりして食事をしていても、「ああ、そういう文化なんだな」と納得してそのまま受け容れられる。しかし韓国人の女性がそうしているのを見ると、「なんて行儀が悪いのか」と感じることになる。知識では知っていても、とても見るに耐えない、見苦しいのでなんとかやめて欲しいと感じる。私もかつて、何度そういわれたかわからないほどだ。

日本人と韓国人の間では、感覚的な同質感が強く支配する。そのため、その同質感をはずれた言動を相手が示したとき、考えるよりも先にまず違和感がやって来ることが多い。これは裏を返せば、日本人ならそうしない、正座をするものだという「自分の発見」でもある。

しかし韓国人からすれば、正座は上の者に叱られたり、罰を受けているときにとる姿勢だから、韓国人ならばそうしないのにと、やはり「自分の発見」につながってくる。同じように、感情のあり方から物事に対する価値観に至るまで、さまざまな「自分の発見」がある。

そのように、日本と韓国は、お互いにまたとない映し合わせを可能にする関係にあるといえる。その点からいうと、今後、日本人にとっての韓流が、韓国人にとっての日流が、互いに中国流でもアメリカ流でもない、ことさらな魅力として定着していく可能性がある。そのためには、何よりも相互の関係があらゆる偏見から解放されなくてはならない。

かつての「男性版韓流」も近年の「女性版韓流」も、つまるところは「懐かしい日本」を想う情緒や感傷の広がりのなかから、次々に立ち興っていった社会的・文化的な現象の一つとして位置づけられると思う。そこには「男女の愛」というテーマがあるのだが、今のところは、憂愁に浸る夢や空想のような精神的傾向から描き出されているものにすぎないと思える。個別的にはさまざまあるにしても、現実とよく調和した日韓の男女の愛の形が一般的に形づくられているとはまだまだいえないだろう。

韓流は現実とは別の舞台の上での流れに終始していくのだろうか。それとも、現実との調和へと向かう流れが起きていって、やがては現実との融合を果たして素敵な男女の愛の形を生み出していくのだろうか。

あまりにも近すぎる日本人と韓国人——日韓両者とも感覚的な同質感の支配から解放されない限り、後者への可能性が生じることがないのは明らかだと思う。

解説

野村 進

二百年以上つづいている会社は、アジアにどれくらいあるだろうか。

ふと思い立ってしらべてみたら、じつに驚くべきことがわかった。

ずばぬけて多いのが日本で、なんと三千社もある。ところが、〝悠久の歴史〟を誇るはずの中国には九社、インドにも三社しかない。

おとなりの韓国はどうか。

意外なことに、二百年はおろか百年以上つづく会社すら、一社もないのである。

ひるがえって、日本には創業百年以上の会社が公式の統計でも約一万五千社、商店や旅館なども含めると、老舗《しにせ》研究者の推定では十万軒以上にのぼるとみられている。

日本と韓国はこれほど近くにありながら、かたや十万以上、かたやゼロというのは、いったいどうしてなのか。私は、思わず絶句してしまったものだ。

奇しくも本書の中で、呉《く》善花さんが、その理由をこう推測している。

近代以前から日本の商家は、あとつぎを誰にするかというとき、血縁にあまりこだわらなかった。息子がいても、商才がなければ、商才のある娘婿や婿養子にひきつがせ、経営の持続をはかってきた。

一方の韓国では、儒教の伝統から、男子単系の血脈を維持させることが、最大の眼目となる。韓国の女性が結婚しても姓が変わらないのは、フェミニズム的な夫婦別姓の考えによるわけではなく、男子単系の血脈に死ぬまで加えられないからである。

それゆえ、娘に婿をとってあとをつがせるという発想はまったくない。ましてや、じつの息子をさしおいて、婿養子をもらってあとつぎにするなどというのは金輪際ありえないのである。

呉さんは、

「老舗というものがないのも、血縁の持続と家の持続をイコールに考えることと大きく関係している」

と述べている。我流に言えば、「血族よりも継続」を重んじる日本と、「継続よりも血族」の韓国の違いが、老舗の有無となって如実にあらわれているのである。

えっ、『韓流幻想』と何の関係があるのかって？　これが、おおいにあるのだ。「韓流」ブームに火をつけたドラマ『冬のソナタ』にも、こうした父系血縁主義が脈々と流れているというのが、呉さんの見立てなのである。それを私なりに解釈すると、次のようになろうか。

たとえば、〝ヨン様〟ことぺ・ヨンジュン演じる主人公チュンサンが、

「僕はひとりの女性を愛しています。その人と、おじいさん、おばあさんになるまで一緒に過ごしたいんです。その人と僕に良く似た子どもたちの父親になりたいんです。愛する人と子どものために、僕が暖かい手となり丈夫な足となりたいのです。愛しています」

と、日本の男は赤面して到底言えそうにない、愛の言葉をささやく。同様の熱烈な文句を繰り返しながら、韓国の男たちは惚れた相手を一心に口説き落とそうとするらしい。

それは、完璧な求愛者を演じているからにすぎないと、呉さんは言う。韓国語で「愛」を意味する「サラン」には、プラトニックな意味合いしかない。だから、この求愛者は、結婚するまでは性的な関係を結ぼうとせず、「誇り高く禁欲的な」純愛をひたむきに貫こうとする。初恋の甘い感傷がいくつになっても忘れられない女

たちの目に、ヨン様はまさしく白馬に乗った王子様に映ったのである。

だが、ひとたび結婚という制度の枠の中に入ると、この熱烈な求愛者は豹変する。父系血縁主義のもうひとつの顔があらわれ、男児を産まない妻は露骨にさげすまれる。男女の出生比率は、女一〇〇に対して男一一五（一九九三年）という異常さである。その裏には当然、妊娠の検査で女児とわかった場合の中絶のすさまじさが隠されている。

夫の妻に対する暴力は日常茶飯事で、浮気は男の甲斐性とされる。いまのご時世にこんな男尊女卑がいつまでも許されるわけがなく、離婚率は世界第三位にまでなってしまった。韓国の男と国際結婚でむすばれた外国人妻の八割が、「再婚するとしたら韓国人とはしたくない」と答えている。

それでも〝ヨン様〟を夢見て韓国の男と結婚しますか、などという野暮《やぼ》な台詞《せりふ》は、呉さんは言わない。

呉さんは、〝冬ソナ〟のストーリーの構造と背景を巧みに分析してみせる。

このような「大人向け少女ロマン主義」は、もともと韓国にあったのではなく、日本のアニメや映画などから取り入れられたものだというのである。

韓国の子どもたちは、長らく『ドラえもん』を韓国の漫画と思い込んできた。私も、韓国の人気漫画家にインタビューした際、幼いころから熱中して読んできた

『鉄腕アトム』や『鉄人28号』などのコミックが全部日本製だったことを大人になって知り、大変なショックを受けたという話を聞いたことがある。日本の大衆文化の輸入を全面的に禁止してきた韓国だが、それは表向きにすぎず、実際には海賊版として日本製コミックは韓国の市場を独占してきたのだった。

韓流の前に「日流」があった。その影響を強く受けた〝冬ソナ〟が大ヒットしたのは、日本人の「日本回帰」志向がもたらした「コリアニズム」とも呼ぶべきオリエンタリズムの一種によるものではないか。呉さんのこの分析は、まことに鋭い。

本書には、ミリオンセラーとなった『スカートの風』シリーズ以来の、呉さんの日韓比較文化論が縦横にくりひろげられている。

冬ソナを例にした恋愛・結婚論をはじめ、冒頭にあげた老舗企業論、『源氏物語』と『春香伝』とを読みくらべた古典文学論、韓国の美容整形ブームから説き起こした美意識論といった具合である。それらが、相変わらず、成人してから日本語を習得した外国出身者によるものとは思えぬほど卓越した表現力で、自在に語られている。

読者は文字通り〝目からうろこが落ちる〟思いに何度もとらわれるにちがいない。

（ノンフィクションライター・拓殖大学国際学部教授）

単行本　『日韓、愛の幻想』二〇〇六年二月　文藝春秋刊
＊文庫化にあたり改題しました。

文春文庫

定価はカバーに
表示してあります

韓《かん》流《りゅう》幻《げん》想《そう》
「夫《おっと》は神様《かみさま》」の国《くに》・韓国《かんこく》

2008年8月10日　第1刷

著　者　呉《お》善《そん》花《ふあ》
発行者　村上和宏
発行所　株式会社 文藝春秋
東京都千代田区紀尾井町3-23　〒102-8008
TEL 03・3265・1211
文藝春秋ホームページ　http://www.bunshun.co.jp
文春ウェブ文庫　http://www.bunshunplaza.com
落丁、乱丁本は、お手数ですが小社製作部宛お送り下さい。送料小社負担でお取替致します。

印刷製本・凸版印刷
Printed in Japan
ISBN978-4-16-763302-8

文春文庫

北朝鮮と韓国

（　）内は解説者。品切の節はご容赦下さい。

李寧熙（イヨンヒ）
日本語の真相
一見、純然たる日本語と思われる言葉がみせる古代韓国語との符合――。数多くの興味深い事例で変転の法則を明快に解きあかし、日本語の源流を照射する好評「解読シリーズ」第四弾！
い-25-4

石丸元章
平壌《ピョンヤン》ハイ
日本人拉致、核兵器保持、ミサイル発射……疑惑の飛び交う世界一ミステリアスな国にジャンキーが紛れ込んだ！　アブなくてめちゃくちゃクレイジーな北朝鮮ツアー旅行記。（重松清）
い-46-3

菅野朋子
好きになってはいけない国。
韓国発！　日本へのまなざし
ジャニーズファンの女子大生星南《ソンナム》や熱血アムラー真姫《ジンヒ》たちとの出会い。ヨン様現象の裏表から九七年以降激変した韓国の経済事情や性意識まで、新しい日韓の可能性を描く。（野村進）
か-34-1

黒田勝弘
韓国を食べる
在韓四半世紀、誰よりも韓国を知りつくした名物記者による韓国人をディープに知るための一冊。韓国人は「耳で食べる」のだ。本音の筆が冴えわたる究極の面白韓国本。（関川夏央）
く-25-1

篠原令
妻をめとらば韓国人!?
韓国女性と運命的な恋に落ち、結婚した国際派ビジネスマン。しかし、天使の多情さと阿修羅の激情を併せ持つコリアン妻との結婚生活は、想像以上にホットで激辛で……。（黒田勝弘）
し-40-1

武光誠
広開土王《こうかいどおう》の素顔
古代朝鮮と日本
韓国ドラマ「太王四神記」でペ・ヨンジュンが演じた、広開土王（タムドク）。生涯をかけて戦い、高句麗を全盛にまで導いた王の真実と、古代朝鮮と日本の関係を分かりやすく解説する。
た-64-1

北朝鮮と韓国

（　）内は解説者。品切の節はご容赦下さい。

野村旗守《はたる》
北朝鮮　送金疑惑
解明・日朝秘密資金ルート

カネは、どのようにして作られ、運ばれるのか？　カネの「供給源」朝銀の経営実態は？　国税庁と結ばれた納税「五カ条の御誓文」とは。「総連」「朝銀」「北朝鮮」トライアングルの真相！

の-10-1

萩原遼
朝鮮戦争
金日成とマッカーサーの陰謀

ワシントンの国立公文書館に眠る百六十万ページもの米軍奪取文書。血染めの兵士のメモが、古びた作戦指令書が、生き生きとあの「朝鮮戦争」の全貌を浮かび上がらせる。日韓で話題の書。

は-17-1

萩原遼
ソウルと平壌

著者は、ソウルと平壌、引き裂かれた二つの都市両方に住んだ世界で唯一のジャーナリスト。反響をよんだ一九八九年発表の原著に、新たに百枚の書き下ろしを加えた出色の朝鮮報告！

は-17-2

萩原遼
北朝鮮に消えた友と私の物語

『赤旗』平壌特派員となった私は、大阪の定時制高校で机を並べた親友の尹元一を訪ねた。「帰国運動」で祖国に帰った人々の運命を描き、大宅壮一ノンフィクション賞受賞。（深田祐介）

は-17-4

萩原遼
金正日　隠された戦争
金日成の死と大量餓死の謎を解く

なぜ、北朝鮮はミサイルと核保有に固執するのか？　その答えは、九〇年代半ばの金正日の権力継承の陰に隠された、ふたつの事件の真相にあった。新証言書き下ろし追加！（池上雅子）

は-17-5

韓光煕（ハングァンヒ）・野村旗守取材構成
わが朝鮮総連の罪と罰

十代の頃から四十年間にわたって朝鮮総連にすべてを捧げ、中央財政局副局長まで登りつめた著者。工作船の着岸点の設定、総連式オルグ術、パチンコ等による錬金術など極秘活動を語る。

は-29-1

文春文庫

女性エッセイ

（ ）内は解説者。品切の節はご容赦下さい。

麻生圭子
東京育ちの京都案内
「ぶぶ漬け伝説」「京ことばの今日」「蛍と川床と夏座敷」「祇園さんのお祭り」「大文字五山送り火」「紅葉あれこれ」など、京都に移り住んだ著者が都ぐらしを綴ったエッセイ。（村松友視）
あ-40-1

麻生圭子
京都で町家に出会った。
古民家ひっこし顚末記
祇園祭以来、その魅力にとりつかれた著者が築七十余年の町家で暮らし始めた。傷んだ壁や床、坪庭を建築家の夫と手作業で修復、古風な京都生活を再現する苦労と感動の一年。（大石静）
あ-40-2

麻生圭子
京都暮らしの四季
極楽のあまり風
建具替えをして極楽のあまり風を味わう夏。火鉢のそばで雪を眺める冬。花に思い出を重ねる春。月見、料理、紅葉が五感に響く秋。昔ながらの京を優美に綴ったエッセイ。（市田ひろみ）
あ-40-3

林えり子
東京っ子ことば
かつて会話とは、知性と礼節と諧謔の織りなすゲームであった。恥じらいとユーモア、歯切れの良さを持つ東京ことばを、14代つづく生粋の東京っ子が心意気で記した貴重な一冊。（福原義春）
は-27-1

石川三千花
顔が掟だ！
論より顔。まず目に見える事実が大切だ！　マドンナ、勝新太郎、マイケル富岡、女性ニュースキャスターなど各界著名人の「顔力」を徹底チェックした楽しいエッセイ＋イラスト集。
い-37-1

石川三千花
いきなりハッピー
「クレア」好評連載の対談が一冊に。UA、ダンカン、近田春夫、アラーキー、浅野忠信、石野卓球etc.との爆笑トークに加え、イラストたっぷり、一部カラーの映画話＆エッセイが満載です。
い-37-5

文春文庫

女性エッセイ

（　）内は解説者。品切の節はご容赦下さい。

石川三千花
ラブシーンの掟
「性愛奥義はインドもので」「SMは命がけ」etc.。有名映画のラブシーンをイラスト化。解説を加えてお洒落に仕上げた意欲作。みうらじゅん、中野翠両氏とのディープな特別対談も収録。
い-37-6

内館牧子
きょうもいい塩梅《あんばい》
桜餅、おでん、風船ガム、赤飯、ぎんなん、鯖、ラーメンetc.食べ物が呼び起こす忘れ得ぬ情景、心に残る人々。人気脚本家が愛惜をこめて綴った珠玉のエッセイ集。（藤原正彦）
う-16-1

大石静
駿台荘物語
当たらない手相見の五味康祐、気むずかしい五味川純平、汚い着物の檀一雄……少女の頃、養母の経営する旅館で垣間見た作家たちの素顔をいきいきと描く傑作エッセイ！（嵐山光三郎）
お-21-3

Oka-Chang《オカチャン》
アイロニー？
「an an」などで人気のモデルが、向島の花柳界へトラバーユするまでの不可思議な日常を綴った。真夜中の独り言、戯言、悪態、自問自答の数々など。最もビューティーな毒舌家誕生！
お-36-1

岡田光世
ニューヨークのとけない魔法
東京とニューヨーク。同じ大都会の孤独でもこんなに違う。お節介で、図々しくて、孤独な人たち。でもどうしようもなく惹きつけられてしまうニューヨークの魔法とは？（立花珠樹）
お-41-1

岡田光世
ニューヨークの魔法は続く
静かな感動を呼んで版を重ねた前作『ニューヨークのとけない魔法』に続く第二弾。ニューヨークの人々は、抱えきれない孤独を抱えながら個性的に生きている。（阿川佐和子）
お-41-2

文春文庫

内田春菊の本

（　）内は解説者。品切の節はご容赦下さい。

内田春菊
ファザーファッカー

十五歳のとき、私は娼婦だった。売春宿のおかみさんは私の実の母であり、ただ一人のお客は彼女の情夫で、私の育ての父だった……。自由を求めて旅立つ多感な少女を描くベストセラー。

う-6-3

内田春菊
あたしが海に還るまで

主人公・静子の出奔、逃避行、男友達との性、マンガ家や歌手への夢を抱いて上京、結婚と破局。激流のような、辛苦と希望が交錯する日々。ベストセラー『ファザーファッカー』の続篇。

う-6-4

内田春菊
南くんの恋人

ある日突然身体が小さくなってしまった高校生のちよみと恋人の南くん。二人が織りなす不思議な同棲生活を時に切なく、甘く描いたコミック史上に残る大傑作。（高橋浩太郎）

う-6-5

内田春菊
波のまにまに

旅館で働く「このは」ちゃんはお客にすぐ惚れるが、その度に姉さんから折檻される。傑作長篇の表題作と「奥さん渡辺です」「不幸の靴音」など、日常にひそむ恐怖をとらえた作品集。

う-6-10

内田春菊
こんな女じゃ勃たねえよ（上下）

住所不定、無収入だが、見た目はちょっといい男。女とみれば手当たり次第たらしこみ、金をみつがせ、セックスし、むしるだけむしれば、また次を探す。こんな自己チュー男いるだろうか。

う-6-13

内田春菊
ベッドの中で死にたいの

普通の日常では隠されている女性たちの心の底の「生の」感情を、美しく官能的なタッチで、怖いほどリアルに描いた傑作短篇集。杉浦日向子原作、幻の江戸漫画「放流門人魚《ほるもんにんぎょ》」も収録。

う-6-12

（　）内は解説者。品切の節はご容赦下さい。

内田春菊
やられ女の言い分
マンガに小説にバンドに芝居。二人の幼児（いまは三人、まもなく四人）をかかえながら、八面六臂の大活躍をする著者のパワフルでエネルギッシュなエッセイとコラムの集成。

う-6-11

角田光代
これからはあるくのだ
住んでいる町で道に迷い、路上で詐欺にひっかかるといった大ボケぶりのカクタさん。騙されても理不尽な目に遭っても自らの身に起こった事件を屈託なく綴るエッセイ集。（三浦しをん）
か-32-1

岸本葉子
30前後、やや美人
若さあふれる二十代とはちがうけど、今の自分も嫌いじゃない。「マンションを買う」「コインロッカーおばさん」「自分の声は好きですか？」など共感エッセイ八十五篇。（平野恵理子）
き-18-2

岸本葉子
家にいるのが何より好き
究極のババシャツ、人間ドック初体験、友人の出産話に興味津々、箪笥の虫と対決、交通事故に遭ってしまった！……三十代シングルの気になる日常を綴ったエッセイ集。（さらだたまこ）
き-18-3

岸本葉子
マンション買って部屋づくり
ちょっとデパートへ、のつもりが、はずみでマンションを購入し、リフォーム、インテリア、ガーデニングへと挑戦。三十代ひとり暮らしのドタバタあたふた軽快エッセイ。（柿沼瑛子）
き-18-4

岸本葉子
やっと居場所がみつかった
二十代、三十代は「どこか」「誰か」願望で悶々としていたけれど最近肩の力が抜けてきた。自然食、おしゃれ、旅行、結婚、仕事……。四十歳目前の今、何を大切にしてきたかを振り返る。

き-18-5